学前教育专业教育教研成果系列教材

学前儿童语言教育活动指导

主　编　李俊梅　张凤英

副主编　刘雅君　屈艳娜

北京理工大学出版社
BEIJING INSTITUTE OF TECHNOLOGY PRESS

内 容 简 介

本书包括理论篇和实践篇两部分。理论篇包含学前儿童语言教育概述、学前儿童语言发展规律与教育、学前儿童语言教育目标与内容、学前儿童语言教育的方法与途径、学前儿童语言教育评价五章；实践篇包含学前儿童文学作品活动、学前儿童讲述活动、学前儿童谈话活动的设计与组织、学前儿童语言游戏、学前儿童阅读五章。

本书可作为高职院校学前教育专业学生教材使用，也可作为幼儿园教师继续教育和进修的参考用书。

版权专有　侵权必究

图书在版编目（CIP）数据

学前儿童语言教育活动指导/李俊梅，张凤英主编. --北京：北京理工大学出版社，2019.3（2024.1重印）
　ISBN 978 – 7 – 5682 – 6781 – 6

Ⅰ.①学… Ⅱ.①李… ②张… Ⅲ.①学前儿童-语言教学-高等教育-教材 Ⅳ.①G613.2

中国版本图书馆 CIP 数据核字（2019）第 035721 号

责任编辑：李志敏		**文案编辑**：李志敏	
责任校对：周瑞红		**责任印制**：李 洋	

出版发行	/北京理工大学出版社有限责任公司
社　　址	/北京市丰台区四合庄路 6 号
邮　　编	/100070
电　　话	/（010）68914026（教材售后服务热线）
	（010）68944437（教材资源服务热线）
网　　址	/http：//www.bitpress.com.cn
版 印 次	/2024 年 1 月第 1 版第 5 次印刷
印　　刷	/定州市新华印刷有限公司
开　　本	/787 mm×1092 mm　1/16
印　　张	/10.5
字　　数	/247 千字
定　　价	/30.00 元

图书出现印装质量问题，请拨打售后服务热线，负责调换

前 言

本书是宣化科技职业学院精品课程"学前儿童语言教育活动指导"的研究成果，也是校企合作成果，作者以校内专任教师为主，宣化区幼儿园李建华园长和宣化区观桥西幼儿园武雅丽园长作为行业专家、兼职教师、实践教学指导教师深度参与，并针对结构体例、章节构成给出了建设性宝贵意见。团队全体成员经过多年努力编写的本书基本符合高职学前教育专业学生特点，实用性较强。

本书的特色主要体现在以下几方面。

（1）模块化组织教材。将本书分为基本理论和实践训练两部分，第一部分集中本学科的基本理论，阐述学科研究对象，语言教育的基本观点、内容和目标，以及语言教育与儿童发展。第二部分注重各种语言教育活动的设计与指导实施，通过提供大量的案例分析、模拟讲课练习等实践环节着意培养学生的语言教育实践能力，使学生可以熟练、科学地设计活动计划并组织实施，具备幼儿园教师语言教育的基本能力。

（2）理论分为"够用"和"拓展提升"两个层级。本着高职院校学生理论够用的原则组织教材，依据高职学生认知特点和将来工作岗位的基本需求，第一篇的理论部分表述力求浅显简洁、行文活泼生动，语言力求贴近高职学生自身和将来工作对象——学前儿童的生活，深入浅出。

第一层级：够用。将学前儿童语言教育的基本观点、学前儿童语言教育与学前儿童发展、学前儿童语言教育目标和内容及实施作为下限，因此所有人必须掌握，否则就不能成为一个合格的幼儿教师。

第二层级：拓展提升。第五章的"学前儿童语言教育评价"、第一章后所附"延伸阅读"为部分学有余力也有兴趣的学生准备，以自学为主要方式，拓宽视野、涉猎最新动向和前沿理念，加深对本学科的理解，提高理论水平，为成长为优秀的幼儿教师和自身专业成长奠定基础。

（3）实践模块与职业岗位需求高度耦合，着力打造职业技能。本书的实践篇占总教学时数的 1/2 至 1/3。

本书包含丰富多彩的训练素材。每章都有大量的案例设计和评析、丰富多样的幼儿园语言教育素材，如各种体裁的文学作品、录音、动画、幼儿园语言教育活动实录视频、专家点评视频等。

本书的编写分工如下：第一至第六章由李俊梅执笔，第七章和第九章由刘雅君执笔，第八章由屈艳娜执笔，第十章由张凤英执笔。宣化区幼儿园李建华园长、观桥西幼儿园武雅丽园长以及两所幼儿园的骨干教师给出了重要意见，在此表示感谢。全书由李俊梅通稿。由于作者能力水平有限，书中难免存在不足之处，敬请各位同行批评指正。

编　者

目　录

第一篇　理论篇

第一章　学前儿童语言教育概述 3
- 第一节　学前儿童语言教育的基本观念 3
- 第二节　学前儿童语言发展与语言教育的关系 6

第二章　学前儿童语言发展规律与教育 20
- 第一节　学前儿童语音发展与教育 20
- 第二节　学前儿童词汇发展与教育 24
- 第三节　学前儿童语法发展与教育 27

第三章　学前儿童语言教育目标与内容 30
- 第一节　学前儿童语言教育目标 30
- 第二节　学前儿童语言教育内容 37

第四章　学前儿童语言教育的方法与途径 41
- 第一节　学前儿童语言教育的方法 41
- 第二节　学前儿童语言教育的途径 43

第五章　学前儿童语言教育评价 48
- 第一节　学前儿童语言教育评价的作用和原则 48
- 第二节　学前儿童语言教育评价的主要种类与步骤 50

第三节　学前儿童语言教育评价的内容和方法···51

第二篇　实践篇

第六章　学前儿童文学作品活动···57
第一节　学前儿童文学作品活动概述···57
第二节　学前儿童故事教学···63
第三节　学前儿童诗歌、散文教学···89
第四节　学前儿童谜语、绕口令教学···95

第七章　学前儿童讲述活动···109
第一节　讲述活动概述···109
第二节　讲述活动的语言教育目标与活动类型···111
第三节　讲述活动的设计与组织···112

第八章　学前儿童谈话活动的设计与组织···118
第一节　学前儿童谈话活动概述···118
第二节　学前儿童谈话活动的内容与组织···121

第九章　学前儿童语言游戏···133
第一节　语言游戏概述···133
第二节　语言游戏活动的语言教育目标···136
第三节　语言教学游戏活动的设计与组织···137

第十章　学前儿童阅读活动···139
第一节　早期阅读活动概述···139
第二节　早期阅读活动的组织与指导···148
第三节　绘本的阅读···153

参考文献···162

第一篇 理论篇

第一章

学前儿童语言教育概述

学前儿童语言教育活动指导是研究学龄前儿童语言发生发展的现象、规律，以及如何以此为依据开展语言教育的一门学科。

第一节 学前儿童语言教育的基本观念

一、完整语言教育观

（1）学前儿童语言教育目标是完整的。完整的语言教育目标应该包括培养儿童语言的听、说、读、写四个方面的情感态度、认识和能力。对学前儿童来说，主要是培养他们的听、说能力和良好的听、说习惯，同时使他们获得早期的读、写技能，为他们进入小学进行正规的读写训练做前期准备，因此一定要注意过程中伴随积极愉快的情感体验，使之作为积极推进语言教育活动的润滑剂。语言认知目标、情感态度目标缺一不可。在所有的目标中，培养幼儿的语言运用能力，特别是提高学前儿童的语言核心操作能力应当成为语言教育的重点。

（2）学前儿童语言教育内容是全面的。全面的语言教育内容是指在学前儿童语言教育中，既要引导学前儿童学习口头语言，也要引导学前儿童学习书面语言；既要让学前儿童理解和运用日常交往语言，也要引导学前儿童学习文学语言。整合的语言教育内容是指在选择和编排语言教育内容时，要把语言视为一个整体，而不是将教学切割成分离的技能成分。

（3）儿童语言的学习是语言功能先于语言形式。在儿童语言发展过程中，儿童首先知道语言是可以用于满足交际需要的，然后选择合适的语言。儿童在说话之前就已经掌握母语系统所有的单词，在学会阅读之前已经掌握了所有字词的拼写，这样的情况是不可能发生的。事实是在他们未完全掌握成人的语言之前就已经能够与人交谈，在掌握语法规则之前就已经能够说出较长的句子。儿童使用语言是因为他们有交际的需要，对语言形式的正确掌握发生在根据交际需要不断地试用语言形式、不断纠正语言错误之后。在这个过程中，成人的积极反馈和对儿童语言错误的宽容态度起了相当大的作用。

（4）学前儿童语言教育活动过程应该是真实的、形式多样的。完整语言教育观强调教育活动的真实性，即教师在组织活动时应着眼于创设真实的双向交流情境，使语言教育的过程成为教师与幼儿共同参与的、积极互动的过程。这是因为儿童的语言必须在一定的情境中使用才能真正得到发展和体现。语言教育提倡以教师和儿童共同参与的活动作为语言教育的基本形式，活动的形式应该多样化。教师要为儿童提供动脑、动口、动手的生活环境和学习材料，促使幼儿成为主动的学习者。在专门的语言教育活动、日常语言教育活动中，随时随地开展语言教育活动，展现给儿童一个完整的、真实的语言学习环境。

二、整合教育观

儿童语言学习与语言教育，尤其是当今学前儿童语言教育，已经步入整合观的阶段。新的生活方式对新型人才的突出要求是与他人沟通交流的能力，谁具备了交际能力，谁便能在未来的生活与发展中获得更多的机会和更大的成功可能性。从这一点出发，儿童自小学习和掌握的语言应是活的语言，具有明显应变色彩的语言，并且是与他们其他方面发展相辅相成、互为支柱的语言。因此，陈旧的单纯语言形式训练的观念方式均已无法适应需要，而在整合观指导下的学前儿童语言教育已脱颖而出。整合的语言教育观念意味着将儿童语言学习看作一个整合的系统，充分意识到儿童语言发展与其他智能、情感等方面的发展是整合一体的关系。在儿童语言发展过程中，他们对每一个新词、每一种句式的习得，都是整个学习系统调整、吸收与发展的结果。离开了儿童发展的其他方面，语言学习是不可能成功的。与此同时，儿童语言学习的每一点收获，都会对他们其他方面的发展起到良好的促进作用，儿童其他方面的发展同样也离不开语言的发展。基于这样的观念，在开展学前儿童语言教育时，应始终将其作为学前儿童教育整体中的一部分看待，加强学前儿童语言教育与其他方面教育之间的联系。将语言学习与其他方面知识学习和能力发展割裂开的做法，对学前儿童进行纯语言教学的做法是不合适的，不应采纳。

（1）语言教育目标的整合。整合教育首先表现在语言教育目标的整合上，要求在制定学前儿童语言教育目标时，既要考虑完整语言各组成成分的情感、能力和知识方面的培养目标，也要考虑语言教育与语言相关的其他领域的目标，同时需要考虑语言教育的目标在其他领域的教育中得以实现，使语言教育目标成为以促进儿童的语言发展为主线，同时促进儿童其他方面的发展的整合的目标体系。只有树立了整合的语言教育目标意识，才能实现语言教育内容和方式的整合。

（2）语言教育内容的整合。卡洛-乌尔福克和伦奇在他们的语言学习整合观模式中指出，儿童语言发展有赖于三种知识的整合习得，即社会知识、认知知识和语言知识。因此，当代学前儿童语言教育内容是以这三种知识为主的整合。学前儿童语言教育内容的整合，要求教育工作者在设计、选择教学内容时，充分考虑社会知识、认知知识和语言知识的有效结合，考虑学习内容在这三个方面对学前儿童具有积极的挑战意味，考虑学前儿童在学习时获得整个语言学习系统的调整和接纳。在这里需要特别指出，语言教育内容的整合是渗透在教育整体各个方面的语言学习机会的整合。正如语言教育中融有其他方面的教育，其他方面的教育也从不同角度对学前儿童语言学习提出了要求，并帮助学前儿童学习不同情境、不同活动性质条件下的语言应变能力。因此，教育工作者为学前儿童提供的语言教育内容，实质上是适用于他们语言学习系统与之交互作用的环境组成部分。

（3）语言教育方式的整合。目标与内容的整合意味着语言教育方式的整合走向。整合方式的突出特点，是以活动的组织形式建构语言教育内容，其中包括专门的语言活动和与其他活动结合的语言活动。在这样的学习中，语言知识、认知知识、社会知识交融汇合在语言操作实践中得以锻炼，并继续对环境产生良性反馈作用。语言教育内容与方式的整合，构成良好的语言教育环境，学前儿童不再单纯为学说话而学说话，不再被动地接纳教师传授的语言学知识，他们在整合的语言教育环境中获得的是语言和其他方面共同发展的机会，他们是主动探求并积极参与作用的语言加工创造者。

三、活动的教育观

学前儿童语言教育的活动观具体体现在教育过程之中，要求教师更多地提供学前儿童充分操作语言的机会，鼓励儿童以多种方式操作语言和发挥儿童在操作语言过程中的主动性等几个方面。

（1）提供学前儿童充分操作语言的机会。儿童的语言发展是通过儿童个体与外界环境中和各种语言及非语言材料交互作用得以逐步获得的。儿童发展需要外界环境中人、事、物的各种信息，但这些信息不是由成人灌输、强迫儿童接受的，而是在没有压力、非强迫的状态下，儿童通过自身积极与之相互作用而主动获得的。学前儿童语言教育便是引导幼儿积极地与语言及其相关信息进行相互作用的过程。

（2）通过多种形式的操作，促进儿童语言的发展。儿童语言的发展有赖于认知的发展，而认知的发展主要依靠儿童自身的动作。学前儿童正处于动作思维向具体形象思维发展的阶段，对客观事物的认识主要依赖于自身的各种操作活动，通过动手、动脑和手脑并用的操作发生与环境的交互作用。在亲身体验中增强儿童语言操作的积极性，获得愉快成功的体验。在对操作材料的探索中激发学习的内在兴趣和动机，变被动学习为主动学习，真正实现以活动的形式促进儿童语言的发展。

（3）要注意发挥学前儿童在活动中的主体作用和教师在活动中的主导作用。所谓学前儿童的主体地位，是指在活动组织设计时充分考虑内容和形式适应幼儿发展水平与需要；学前儿童在活动过程中始终有积极的动机、浓厚的兴趣和主动的参与精神，而不是消极被动的受教者；活动为每个参与者提供适合他们发展特点与需要的环境条件。教师在儿童活动中从旁引导，扮演促进儿童积极参与、良性发展的角色。

教师在语言活动中的主导作用主要体现在以下几个方面。

（1）活动前为儿童创设良好的语言教育环境，如语言材料、操作材料、适当的氛围等，从而体现教师有关教育的目标设想，安排和组织儿童与一定的语言材料以及相关的信息材料相互作用。

（2）在活动过程中教师通过提示、提问、讲述或暗示、示范等方法，指导儿童感知和探索，帮助儿童找到获得知识的途径，从而引导儿童完成学习任务。在儿童与环境相互作用的关系中，教师往往成为一种中介力量，设计环境让儿童与之交往，同时指导儿童与环境交往。

（3）根据儿童不同的特点因材施教，同时帮助他们找到行之有效的学习方法，顺利完成学习任务。教师的主导作用便发生在对全班提出统一要求时，根据自己对每个儿童发展特点的了解，有针对性地给予指导，争取让每个儿童都得到进步。

（4）在活动结束时，教师应及时点评，总结学前儿童活动的成果，找出他们的闪光点。对儿童活动提出新要求使儿童明确更高目标，同时为下一个环节的活动奠定基础。

第二节　学前儿童语言发展与语言教育的关系

一、学前儿童语言发展与全面发展的关系

语言是人类社会特有的一种现象，就个体而言，语言是思维的物质外壳，是必不可少的工具，是认知能力的一种，是社会交往的工具，也是儿童社会化、个性发展的重要标志。

（一）学前儿童语言发展与认知发展

学前儿童语言发展与认知发展相互促进、共同发展。一方面，学前儿童的认知发展水平决定语言发展水平。学前儿童处在前运算阶段，幼儿只能掌握情境性很强的语言，而处在具体运算阶段时，才有可能掌握连贯性语言。抽象的词和语法的掌握有赖于认知的发展。另一方面，作为一种心理表征符号，语言一旦被个体所理解和掌握，就能够对认知的发展起到推动和加速作用，主要表现为增加认知的速度、广度和强度，使认知过程具有极大的主动性和普遍性。没有语言这种工具，个体的认知始终会停留在个人心理层面。

1. 加深和巩固学前儿童初步形成的概念

概念是人脑对客观事物一般特征和本质特征的反映，是以词为标志在概括的基础上形成的，受概括水平的限制。心理学研究表明：学前儿童思维的主要特点是动作性和具体形象性，他们的思维主要是依赖自身的动作、事物的具体形象或表象以及它们的彼此联系进行的，并不主要凭借概念、判断和推理进行。语言作为思维的工具，在概念的形成、同化、巩固和思维的发展过程中起重要作用。语言的发展对概念的形成和发展的作用主要表现在以下几个方面。

（1）借助词命名，就是用词表示事物的名称、形态、习性等。有了这些词的命名，学前儿童对有关事物及其属性的感知才能从具体的形象趋向概括，形成和巩固其概念，如

"猫""汽车"。

（2）借助语言发现事物之间的异同点，就是通过语言描述、比较，发现认识对象的不同点和相同点。婴幼儿经验贫乏，直觉的精确性较差，在认识类似事物时，常常发生混淆，如"鸡和鸭""鸭和鹅"的外形特征。

（3）借助语言获得新的概念。语言的产生和发展，使幼儿不但可以直接认识事物，而且能够间接地、概括地认识事物，使幼儿的认识范围扩展。例如，在语言的作用下，幼儿晚期开始理解"动物""植物""家具"等概念，将"猫、狗、鸡、鸭、老虎、熊、牛"等归为动物，开始对"勇敢""喜欢""分享""讨厌"等抽象概念有了一定程度的认识。

2. 指导并参与认知加工过程

在学前儿童从直接的动作思维向概括思维发展的过程中，语言具有重要作用。一方面，语言在学前儿童进行直观动作、表象思维的过程中起指导作用，使感知和表象具有一定的目的性和方向性；另一方面，语言直接参与学前儿童有意注意、有意记忆，以及初步分析、判断、推理等抽象思维的过程。学前儿童的认识对象不但涉及当前直接感知的事物，而且涉及一些不能直接感知的事物，使他们可以脱离现实而进行初步的逻辑思维。

（1）言语的产生和发展丰富了学前儿童的认知范围。

（2）言语的概括和调节作用使幼儿认知加工逐步具有随意性与自觉性。

（3）语言的指代和中介作用促进了理解、判断与推理能力的形成及发展。

3. 促进创造性思维的发展

创造性思维是指根据一定的目的，运用已有信息，产生某种新颖、独特的有社会或个人价值的产品的过程。语言的发展为学前儿童创造性思维的萌发和发展起推动作用。

（1）学前儿童的语言发展直接导致某些自造概念的出现。例如，幼儿园请一位姓方的专业老师指导幼儿活动，小班幼儿会自发地将这位年龄较大的老师称为"外婆老师"，"方老师"的称谓对这个班的幼儿来说是不熟悉的和难以记忆的，相比而言，老师与外婆相近的形象却是幼儿熟悉的，于是"外婆老师"就应运而生。这是幼儿期语言引发创造比较普遍的现象。

（2）学前儿童语言发展使幼儿创造性地运用语言成为可能。幼儿经常会根据学到的句子、故事、诗歌的结构，结合自己的生活经验自发地或在老师的指导下进行诗歌仿编和故事表演等，这些都是语言和创造性思维结合的结果。

（二）学前儿童语言发展与个性发展

个性通常是指个人具有的比较稳定的、有一定倾向性的心理特征的总和，包括气质、性格、动机、兴趣、意志、理想等。个性心理特征调整个体心理过程的进行，影响人的外显行为和内隐行为，因此个性是心理和行为的动力来源。

（1）学前儿童自我意识的萌芽状态出现于 2 岁左右。其进一步发展与幼儿有关自我词汇的掌握密切相关。

（2）学前儿童语言的发展使其得到巨大的个人乐趣和满足，从而导致其个人对社会的良好调节，对其性格形成和发展带来积极影响。语言的发展，使幼儿有可能与成人直接进行语言交往，通过自己观察周围其他人对事物的态度、行为方式和成人强化方式，直接或间接学习为人处事的方式，获得有关"什么是礼貌的行为、什么是诚实"等经验。

（三）学前儿童语言发展与社会性发展

儿童社会化是儿童在一定的条件下逐渐独立地掌握社会规范，正确处理人际关系，妥善自治，从而客观地适应社会生活的心理发展过程。儿童社会性发展的特征表现在以下几方面：他们大都不甘寂寞，喜欢与同伴一起玩，并且游戏的关系由比较疏松的撮合到比较协调的、有规则约束的结合，社会化程度大大提高。影响儿童社会化的条件包括社会环境系统、生物因素和心理工具，其中心理工具是指儿童的符号系统，主要是语言。语言的发展帮助儿童逐步发展对外部世界、对他人和对自己的认识，使儿童社会性发展得以正常进行。

语言发展对幼儿社会性发展的促进作用主要表现在以下两个方面。

（1）提高社会交往能力。随着学前儿童语言能力的提高，其社会交往能力也得到了大幅度改善。有了语言之后，个人的内心活动就可以彼此交流，思维的发展促使他能够将这种思维告诉别人。第一，学前儿童可以使用语言讲出自己的感受和需要，使成人或同伴及时了解自己或引起他人的注意；能用语言清楚表达自己情感的幼儿通常能够受到他人的欢迎和喜爱，使其情感获得极大的满足。第二，使用语言调节学前儿童的行为，掌握自我评价的标准。例如，在与他人交际中，幼儿逐渐学会使用语言而不是身体动作的侵犯，学会通过语言协商而不是发脾气或其他粗暴行为，以解决与他人之间的争端或冲突。

（2）促进学前儿童道德的发展。学前儿童的道德行为和道德判断也是在学前儿童掌握言语以后逐步产生的，并且包含一些意志行动的成分在内。语言获得初期，随着在日常生活中自己良好的行为获得成人"好""乖"的评价，能在成人要求的前提下做出一些合乎道德要求的行为。随着语言和认知的进一步发展，3岁后幼儿的道德感开始形成，他们通过交往和模仿学习，逐渐掌握一些行为规范和各种道德标准，并且开始关心别人的行为是否符合道德标准，由此产生相应的满意或不满的情感，各种道德习惯也逐渐养成。

总之，语言能够促进儿童认知、情感、社会性、个性等心理各方面的发展。

二、学前儿童语言发展过程

语言是一个符号系统，儿童对语言的获得包括对语音、语义和语法的理解与表达，语言还是一种交际工具，儿童语言获得还应包括对语言运用能力的获得。儿童语言的获得是对语言形式、语言内容和语言运用的综合习得。心理学的观察和研究表明，儿童语言获得的发展遵循一定的规律，具有阶段性。学前儿童语言发展分为前语言期和语言发展期两大阶段。

（一）前语言期

有学者认为，前语言期是一个在语言获得过程中的语音核心敏感期。围绕语音，儿童发展三方面的能力，即前语言感知能力、前语言发音能力和前语言交际能力。

1. 前语言感知能力的发展

前语言期感知语音的能力是儿童获得语言的基础。正常的儿童在这段时间内不仅能够听到声音，还以某种能帮助自己语言学习的方式感知语言。正常儿童出生后不久就能将语音和其他声音区分开，并对其做出不同的反应。我国的一些学者将前语言发展从语言产生和语言理解的准备两个方面进行简单的概括，认为儿童的前语言发展从语言理解准备的角度看，可以分为语音知觉（0~8个月）和音位知觉或词语理解（9个月~1岁）两个阶段。近年来，一些学者将出生后大约一年半的时间内儿童逐渐发展起来的前语言感知能力分成辨音、辨别音调、辨义三种水平层次。

（1）辨音水平（0~4个月）。正常的婴儿首先运用他们的听觉器官捕捉周围的各种信息，并且迅速学会如何捕捉话语声音的方法。周兢等的调查结果显示：在出生到4个月左右的时间内，儿童基本上掌握了如何"听"单一语音的本领。换言之，他们在这个时期形成感知、辨别单一语音的能力。

（2）辨别音调水平（4~10个月）。语调是表示情绪状态的一种基本手段。儿童进入辨别音调阶段后，儿童的前语言感知水平向前跨出一大步。他们开始注意一句或一段话的语调，从整块语音的不同音高、音长变化中体会所感知的话语声音的社会性意义，并且能够给予相应的具有社会性交往作用的反馈。研究发现，这个时期的汉语婴儿对父母或其他成人说话时表现情感态度的语调十分注意，能够从不同语调的话语中判断出交往对象的态度。

（3）辨义水平（10~18个月）。10个月之后的婴儿开始进入对语音的辨义阶段，他们越来越多地在感知人们说话时将语音表征和语义表征联系起来，从而分辨出一定语音的语义内容。实际上，这时的汉语儿童开始学习通过对汉语声、韵等感知接受语言。这种能够从人们说话中感知、分辨语义的能力，在之后的几个月中迅速发展，婴儿很快便积累起大量的理解性语言。

2. 前语言发音能力的发展

除了大量获得感知语言的经验之外，在出生之后一年半的时间，儿童语言学习的另一种主要现象是前语言发音。尝试掌握语音的发音能力，是他们为正式使用语言与人交往所做的另一番准备。前语言发音是指儿童正式说话之前的各种语音发声，类似于说话之前的语音操练。儿童自第一声啼哭到做好说话的准备，经过了大量的发音练习过程，这个过程大致可以分为三个阶段，即单音发声、音节发声和前词语发声。

（1）单音发声阶段（0~4个月）。婴儿的发音是从反射性发声开始的，哭叫是婴儿第一个月主要的发音。在这个月内，婴儿学会调节哭叫声的音长、音量和音高，能够用几类不同的哭叫声表示饥饿、疼痛、无聊等意思，用以表达要人抱或要吃奶等不同需求。这些哭声一般只有父母才能理解。两个月时，婴儿出现了喁喁作声的情况，在早晨睡醒之后，吃饱了舒服地躺着时，会发出愉快的自言自语的声音。一般而言，此时汉语儿童的发音大多为简单的元音，类似于汉语单韵母，但也有少量的复韵母。

（2）音节发声阶段（4~10个月）。大约从4个月起，婴儿发音出现明显的变化。一方面，婴儿发音有了一定的指向性，较多的是对成人的社会性刺激做出反应；另一方面，发音内容与以前不同，开始出现许多辅音和元音的组合。汉语儿童在这段时间内的发音以辅音和元音相结合的音节为主，并且有一个从单音节发声过渡到重叠多音节发声的过程。

（3）前词语发声阶段（10~18个月）。经过音节发声阶段之后，儿童咿呀学语的发音进入一个更复杂的时期。此时，汉语儿童能够发出一连串变化不同的辅音加元音的音节，仿佛一句汉语包含若干声韵母组成的音节。这段时间汉语儿童的发音才真正具有汉语的"味道"。儿童语言发展因其语言类型所造成的特殊性，在这个阶段会有明显的反映，而这一点与他们每日所感知接受的语言有必然的联系。有关英语儿童发音的研究表明，这一阶段的婴儿不仅能发出英语的语音，还能发出一些非英语的语音，并出现语调、节奏、重音和音量的变化，用以表达明确的意义。

3. 前语言交际能力的发展

语言是人类重要的交际工具，有关儿童语言的研究认为，在获得语言之前儿童已经具有一定的交际能力，指出婴儿期存在一些交际的倾向和表现，这种表现可以称为前语言交际。前语言交际是儿童获得语言之前，用语音和伴随的表情或动作代替语言进行交往的现象。这种特定的交际能力与儿童的语言感知和发音经验有密切的关系，前语言时期也可划分成三个阶段。

（1）产生交际倾向（0~4个月）：周兢在研究中发现，汉语婴儿的前语言交际在出生后不久便开始了。1周至1个月期间的婴儿，已经能够用不同的哭声表达他们的需要，以吸引成人的注意。婴儿最先用哭声唤来成人帮助他们解决问题，这种成功的经验促使婴儿调整自己的哭声，更好地吸引成人的注意。婴儿正是在这样的企图下逐渐发展起交际的兴趣，产生交际的倾向。

（2）学习交际"规则"（4~10个月）。在产生交际倾向之后，婴儿的前语言交际进入一个似乎在学习基本交际"规则"的阶段。4个月左右的婴儿在与成人的交往中开始出现这样的变化：对成人的话语逗弄给予语音应答，仿佛开始进行说话交谈；在用语音与成人"对话"时，婴儿出现与成人轮流"说"的倾向，即成人说一句，婴儿发几个音，待成人再说一句后，婴儿再发几个音；当成人和婴儿一段轮流"对话"结束后，婴儿会用发一个或几个音主动地引起另一段"对话"，从而使这种交流延续下去。

（3）扩展交际功能（10~18个月）。从交际的倾向来看，这个时期的婴儿有坚持表达个人意愿的情况，当他用某种声音表示自己的需要未得到成人理解时，婴儿会重复这种行为直至成人弄明白。这个时期的婴儿还会逐步用语音、语调和动作表情等达到交际的各种目的。他们的前语言交际行为不仅具备四种功能，即指令、要求、情感表达和评论情景，基本上获得了语言交际的各种功能，还具有表达陈述、否定、疑问、感叹、祈使等句式意义的功能。婴儿在前语言交际能力发展过程中，比较好地理解了语言的交际功能，因此借助前语言发音和体态行为与人交往。

（二）语言发展期

经过一段时间的沉默之后，儿童从 1.5 岁开始正式进入语言发展期。处于语言发展期的儿童其语言发展可以从语言形式、语言内容和语言运用技能三个方面进行考察。

1. 语言形式的获得

语言形式是指语言中约定俗成的符号系统和系列规则。儿童对语言形式的获得包括对语音和语法的获得。语音是指语言的声音，与杂乱的声音的不同之处在于它有实际意义，而杂乱的声音毫无实际意义。因此，严格地说，语音的发展是从牙牙学语阶段之后开始的。从 1~1.5 岁时起，儿童开始学习成人词的发音，但常会出错，错误的类型受儿童所处的具体语言环境的影响而表现不尽一致。

（1）语音的发展。1~1.5 岁的儿童开始发出第一个类似成人说话时用词的音，到 6 岁时，儿童已经能够辨别绝大部分母语中的发音，也基本上能够发准母语的绝大部分语音，但对母语中相似的语音常常会出错。2~6 岁儿童的语音发展可以从语音的辨别、发音能力的发展和语音意识的产生三个方面进行分析。

（2）语法的获得。语法是组词成句的规则，儿童要掌握母语进行言语交际，必须首先掌握母语的语法体系。语法的获得是指儿童对母语中语句结构的获得，包括理解和产生不同结构的语句。对儿童的句子进行的评定和分析通常采用两种方式：一是考察儿童说出句子的长度，即句子中所包含的最基本意义单位的数量；二是考察儿童说出的句子结构的完整性和复杂性。句子长度虽然是一种通用的评定儿童期语言发展的指标，但仅是一种次要的指标，因为它只能表明句子中所含字、词在数量上的发展，无法表明句子在质上的变化，不能反映句子的结构性质和复杂程度。学前儿童句法结构获得大致呈如下规律：第一，从混沌一体到逐步分化。儿童早期的言语功能由表达情感、表达意动和指物三者紧密结合到逐步分化，词语的词性由不分化到逐渐分化，句子结构由主谓不分的不完整句子发展到结构层次分明的完整句。第二，从不完整到逐步完整，从松散到逐步严谨。儿童最初的句子不但结构简单，而且不完整，常常漏掉或缺少一些句子成分。随着年龄的增长，句子结构逐渐复杂并且严密，意义也较明确易理解。第三，由压缩、呆板到逐步扩展和灵活。儿童最初说出的语句只有一些核心词，因此显得陈述内容单调、形式呆板，只能是千篇一律的、由几个词组成的句子。稍后能加上一些修饰词，最后达到修饰词的灵活运用，表现的内容也逐渐丰富。

2. 语言内容（即语义）的获得

儿童语义的发展是指儿童对词、句子和语段三个语言结构层次在理解上的发展与获得。儿童语义的获得具有以下两方面特点：第一，根据当前的语境和已有的经验猜测语词的意思，最初的猜测通常是不全面或不正确的。第二，对语义的理解经历理解词或句子所表达的基本语义关系、理解语言的实用意义和理解句子的各个语词的含义等几个阶段。儿童获得词义要比获得语音、句法更加复杂，可以说，对词义的获得贯穿人的一生。儿童最早获得的是专用名词,然后逐渐获得普通名词、相对词等。

3. 语言运用技能的获得

语言运用技能的发展是幼儿语言发展的一个重要方面。语言运用技能是指交际双方根据交际目的和语言情境有效地使用语言工具的一系列技能。幼儿的语言运用能力是言语交际过程中表现出来的,为了能够与同伴和成人顺利交际,幼儿需要掌握一定的语言运用知识和技能。学前儿童的语言运用技能可以从语言操作能力、对交际外部环境的感知能力和心理预备能力三个方面进行考察。

(1) 语言操作能力。语言操作能力指的是交际双方根据交际的实际需要,灵活而有效地调出已有的语言以及与其有关的非语言知识,并恰当地用于交际过程的能力。对语言及其辅助系统的操作水平直接影响言语交际的效果。语言操作能力包括说话人的语言表达能力和听话人的语言理解能力。语言表达能力包括根据交流的需要对语言各要素进行适当组合的能力、通过发音器官发出有意义的声音的能力和将语言符号与非语言符号恰当结合的能力。语言理解能力包括辨别有意义声音和无意义声音的能力,通过耳朵和眼睛的协同作用感受言语和非言语的能力,以及理解听到与看到的言语和非言语的意义的能力。

(2) 对交际外部环境的感知能力。感知言语交际的外部环境的能力包括对交际对象本身特征的敏感性、对实际交际情景变化的敏感性和对交际对象反馈的敏感性等。对交际对象本身特征的敏感是指说话人能够对不同的交际对象采用不同的、易在交际双方之间产生共鸣的语言的形式。对实际交际情景变化的敏感指的是,当交际情景发生变化(如交际的时间、地点及内容发生变化或增加了新的交际伙伴等)时,说话人能够根据需要调整语言的表达方式、内容或者听话人根据情景的变化理解变化了的语言形式的能力。对交际对象反馈的敏感则是指说话人可根据交际对象发出的是否已经接收到信息的反馈情况,及时调整说话的内容和方式,也是指听话人对说话人所说的话的理解情况的自我感知能力和及时反馈能力。

(3) 心理预备能力。言语交际行为的顺利完成还有赖于交际的双方对言语交际的心理预备能力的提高。这类心理预备能力包括交际双方调节自己的情感、兴趣、动机,并使之指向言语交际行为的能力,以及对同一话题的保持、拓宽能力和对有关交际内容知识的组织能力等。学前儿童的自我中心语言相对较多,社会性语言有待发展,其社会性语言的产生和理解情境性较强,他们很容易受外部客观情景的改变而极易转变谈话的主题。

(三) 儿童早期阅读能力的发展

学前儿童在早期获得口头语言的同时,便萌生对书面语言的兴趣和敏感性,通过观察、体验有关书面语言的读写经验,从而逐步尝试探索周围环境中的书面语言。

1. 早期识字行为的发展

儿童早期识字行为的发展,作为阅读能力发展的一个部分,与他们的口头语言发展密切相关,但不能与早期阅读等同而言,有不少家长和教师对此有些误解。已有的研究结果告诉人们,儿童识字行为发展可以分为萌发阶段、初期阶段、流畅阶段。

2. 早期图书阅读行为的发展

许多人认为早期阅读主要是识字，但是这种观点其实是错误的。在学前儿童早期阅读能力发展中，图书阅读行为非常重要。例如，能看懂或识别一些路标和生活中公共场所的一些标记。图书是学前儿童阅读发展的重要媒介，有关研究表明，阅读能力强的儿童常来自语言丰富的环境，早期的图书阅读能够带领幼儿超越他们原有的语言形态。

苏日比（1985年）研究幼儿萌发的图书阅读行为发现，2~3岁儿童口语阅读图书的行为可以分为以下五个阶段：①注意图画，但未形成故事。②注意图画并形成口语故事。③注意图画、阅读和讲故事。④注意图画，但开始形成书面的故事内容。⑤注意文字，这个阶段依次出现四种情况：最先是只关注文字而忽略故事；接着是部分阅读，重点关注自己认识的字；继而以不平衡的策略读书，在读书时省略不认识的字，或者凭借预测替代某个不认识的字；最后过渡到独立阅读文字。

3. 早期书写行为的发展

学前儿童学习书写的方式与学习识字和阅读图书相似，都要通过尝试和探索的过程。他们先觉得好玩而在纸上涂涂画画，慢慢地了解写字的各种形式，开始试着写出类似字的东西。只有知道了写字的用途之后，学前儿童才能够真正学习书写出与成人一样的字。也就是说，儿童首先了解书面语言是有意义的；然后认识写字是一再重复使用少数几个笔画；进而发现这些笔画有许多变化方式；经过探索儿童进一步认识到形成字的笔画只能有限度地发生变化；最后发现写字有次序和方位的规则。这些基本的书写策略的形成过程，同样是汉语儿童书写行为发展的一般规律。

三、学前儿童语言发展规律对幼儿语言教育的意义

了解和掌握学前儿童语言发展的基本规律对学前儿童语言教育具有重要的现实意义。了解语言发展与学前儿童整体发展之间的辩证关系，掌握学前儿童语言发展的一般顺序，有利于把握学前儿童语言发展的"最近发展区"，为学前儿童语言教育目标的制定提供理论依据，使学前儿童语言教育更具有针对性，目标的制定会比较准确；使语言教育内容的选择和方法的确定更加符合学前儿童语言学习与其他方面发展的特点，更加有利于学前儿童语言水平的进一步提高，有利于促进儿童的整体与和谐发展。

1. 学前儿童语言教育要适合学前儿童的发展水平

语言教育要适应学前儿童的语言发展水平，实际上也就是教育实践中经常提到的"量力性原则"或"可接受性原则"，它所指的是学前儿童语言教育的内容、方法、进度等要从学前儿童的实际情况出发，适合学前儿童心理发展水平，使学前儿童在语言教育活动中能够有效地进行交际，学习和掌握语言知识、语言技能与语言学习方法等。无论是从心理学的有关理论来看，还是从教育实际来看，这个原则都是适宜的。

语言教育要适合学前儿童的发展水平具体包括以下几层含义。

（1）学前儿童语言教育要适合幼儿期的发展特点。学前儿童尚处于认知发展的前运算阶段，其心理发展的突出特点是情绪性，凡是他们感兴趣、觉得稀奇的事物，都能留下深

刻印象，并且在活动中也会集中注意力，会主动模仿。因此，教师在进行语言教育时要通过直接或间接的语言示范，为幼儿提供大量的、规范的语言让其模仿，并在不知不觉地模仿中习得大量的语言，获得语境与语用之间关系的感悟力。具有丰富的想象力也是学前儿童心理发展的显著特点。因此，教师在组织语言活动时要尽可能为学前儿童提供充分想象、自由创造的余地。学前儿童的语言学习主要以自然习得为主。他们学习语言仅仅是为了交流或者执行生活指令、参与游戏等，使用语言也纯粹是为了表达自己的情感和对周围事物及其简单关系的认识，语言对他们来说只是一种交流工具或游戏工具。因此，学前儿童语言教育应当以创设有趣的、合适的、真实的交际环境作为主要任务，以培养学前儿童学习语言的兴趣和运用语言进行交往的能力作为主要目的。

（2）语言教育要适合不同学前儿童的发展水平。虽然学前儿童的发展具有普遍性的特征，但学前儿童之间发展的差异性也是存在的。这种差异性表现在不同母语的儿童、不同地区的儿童、不同个体的儿童身上，他们的语言发展存在一定程度的差异性，因此学前儿童语言教育需要适合汉语儿童、本地儿童甚至个别儿童的发展水平。

①根据汉语儿童的语言发展特点制定语言教育方案。

②根据本地学前儿童的语言发展实际确定语言教育计划。例如，根据有关汉语中儿童语音发展研究的结果，通常认为小班年龄阶段的幼儿需要学习 z/zh、c/ch、s/sh 的普通话发音。

③根据个别学前儿童语言发展的特殊性制定特殊的语言教育方案。

2. 学前儿童语言教育要依据学前儿童的心理发展过程循序渐进

在人的发展过程中，阶段性和连续性是交织在一起的。一方面，其心理发展具有一定的非连续性，表现为发展过程中有很多不同的阶段，每个阶段的发展都各具特点。另一方面，各个发展阶段之间的顺序是一定的、不变的，后一阶段是在前一阶段的基础上发展起来的，具有连续性。连续性和阶段性是交叉的、重叠的，各阶段之间不是突然的中断和全新的开始。学前儿童语言教育应该遵循儿童发展的这种阶段性，不但要考虑学前儿童已有的语言经验和能力水平，而且要考虑语言发展现状和未来的需要，做到循序渐进。

（1）有关"循序渐进"的理论争论。教育中的循序渐进，是随儿童心理发展顺序亦步亦趋，还是要走在心理发展的前面呢？这就涉及教育与发展的关系问题。皮亚杰在提出儿童智力、思维发展都具有一定的阶段性的同时，认为教育应当按照儿童的年龄阶段理论进行组织。他明确指出：一切理智的原料并不是所有年龄阶段的儿童都能够吸收的，人们应当考虑到每个年龄阶段的特殊兴趣和需要。教师的问题只是发现符合每个阶段有什么知识，然后用有关年龄阶段的心理结构所能吸收的方式把它传授给学生。在他看来，教师试图离开儿童年龄阶段的心理特点加速儿童的发展，这只是浪费时间和精力。作为教育对象的儿童总是属于一定特殊年龄阶段的。按照他的说法，教育应走在发展的后面，或至多与发展相平行，这样才是有效的。维果茨基则反对这种"发展的程序总是先于教学的程序，教学是架设在发展的上空的，实质上不能对发展做任何改变"的观念。他认为，儿童具有两种发展水平：一是儿童的现有水平，即由一定的已经完成的发展系统所形成的儿童心理机能的发展水平；二是即将达到的发展水平。这两种水平之间的差异就是最近发展区，这里所说的最近发展区包括儿童现有发展水平和潜在发展水平两部分。他提出，教育者不应只看到儿童今天已经达到的发展水平，还应该看到仍然处于形成的状态，正在发展的过程；教育不应只适应发展的现有水平，走在发展的后面，而应适应最近发展区，从而走在发展的前面，在一定程度上促进儿童的发展。赞可夫以此为依据指出，儿童心理某些已经完成的程序，只是教学的起码条件，教学远不能停留于此，而应走在发展的前面；教学与发展的关系是因果关系，教学的结构是因，学生的发展进程是果。按照维果茨基和赞可夫的说法，教育是学生心理发展的源泉，理所应当要走在发展的前面。

（2）启示。虽然上述争论尚待进一步认证，但有一点是肯定的，即教师首先要对儿童的心理水平有一个清醒的认识，在此基础上展开的教育才不至于既无效果也无效率。同时，还应注意到，既然儿童的心理发展是连续的，前一阶段孕育后一阶段发展的萌芽，那么，教育适度、适量地在这个"萌芽"状态上下功夫也是应该的。

①学前儿童语言教育要以学前儿童已有的发展水平和语言经验为基础，并在学前儿童的新旧语言经验之间建立联系。要想做到这一点，就要注意活动内容的连续性，即每类活动内容都由具有内在联系的经验组成。每一次获得的语言经验都成为以后语言学习的基础。另外，还要注意活动内容的统一整体性，即经验与经验之间既有纵向的连续，也有横向的相关，从而使新旧语言经验间真正地建立起联系。

②学前儿童语言教育要能够促进幼儿的语言在原有水平上有所提高，即要让幼儿"跳起来摘果子"。如果在幼儿还没有掌握不完整语句的情况下，就迫不及待地教授完整句，显然违背了幼儿语言发展的规律。

3. 学前儿童语言教育要抓住学前儿童语言发展的关键期

心理学中的关键期，是指在个体生命历程中有某一个时期会对某种刺激特别敏感，过了这个时期，同样的刺激便不会再有同样的效力。2岁是口头语言发展的关键期，4~5岁是学习书面语言的关键期。学前儿童正处于语言学习的敏感期或者关键期，特别是语音发展的敏感期。其语言模仿能力强，尤其体现在语音学习上，幼儿的发音器官达到灵敏的极限，耳朵能辨别语音、语调上的细微差别，口舌能准确地模仿各种声音。抓住语言发展这个关键期的有利时机，及时进行适当的教育，应能收到事半功倍的效果。

【延伸阅读】

全语言教育与中国幼儿语言教育的本土化

全语言教育（whole language）是近年来国外儿童语言教育界最重要的一种理论思潮。这种教育理论思潮不但可以促进世界范围内儿童语言教育方方面面的改革，而且对近年来流行于西方的幼儿园项目活动课程等也产生了很大影响。20世纪90年代以来，全语言教育的思想逐步传入我国，对我国的语言教育产生了积极的影响。该文从综述全语言教育的思想观念入手，涉及国内幼儿语言教育的现状和发展趋势，并进一步探讨有关我国幼儿语言教育的本土化问题。

（1）20世纪70年代末至80年代初，以心理语言学家古德曼为代表的一批学者，受维果茨基理论的影响，将儿童语言教育置于社会文化环境中进行再思考，并且吸收了当代有关儿童语言发展的研究成果，开展了"全语言"的语言教育改革运动。从20世纪90年代起，"全语言"运动波及国际学前教育界。

什么是全语言教育？古德曼（1986年）最早给出的定义是，"全语言教育是一种视儿童语言发展和语言学习为整体的思维方式"。诸多幼儿教育研究者在推广全语言教育时均认可这一点。全语言教育不是某一种具体的教育教学方法，而是一种新的语言教育观念。简单地说，全语言教育提倡的是开放式的语言教学，它将传统的"师传生受"的语言教学过程转变为教师和儿童合作学习的过程，从而对儿童语言教育的基本原则做新的探讨。

全语言教育的基本原则主要包括以下几方面。

①儿童的语言学习是整体性的学习。在吸收当代儿童语言发展研究诸多成果的基础上，研究者们认为，儿童从出生起就已经具备了学习作为人的全部语言的基本条件，儿童语言发展的过程是以完整的方式呈现出来的，因此儿童语言的学习应当是完整的学习，早期语言教育应当不但要重视儿童听说能力的发展，而且要注意为他们读写能力的发展做准备。

②儿童的语言学习是自然而然的学习。全语言的提倡者注重儿童语言发展的规律，认为儿童是通过与他人互动的方式学习和使用语言的，主动理解是儿童学习语言的特点。因此，有关教育机构要为幼儿提供各种学习语言的机会和资源，让幼儿被充满语言和文字信息的环境所包围，同时采用"自然学习模式"（即示范、参与、练习或扮演角色、创造表达）进行语言教育。

③儿童的语言学习是有效的和有用的学习。研究发现，有效的语言学习不是"正确的"或者"标准的"，而是连接个人生活经验和社会的学习。对幼儿来说，只有当他们的语言学习是有用的，即能够用语言进行沟通时，这种学习才能对他们产生意义。因此，教育者要注意引导幼儿在情景中学习语言，脱离了情景的语言对儿童来说是没有意义的。

④儿童的语言学习是整合的学习。全语言教育的新观念告诉人们，人的学习是符号的学习。从早期语言教育的角度来看，语言既是幼儿学习的对象也是幼儿学习其他内容的工具。全语言教育的研究者吸取了维果茨基的观点，认为任何符号系统学习的原理都是相通的，因此建议将不同的符号系统交叉运用到儿童学习的过程中。例如，在语言学习中运用艺术、戏剧、音乐、舞蹈等手段。这种打破学科界限的学习，不但有利于儿童的语言学习，而且有利于儿童其他相关领域内容的学习。

⑤儿童的语言学习是开放而平等的学习。在全语言教育观念中，教师和儿童是构造愉快学习过程的共同体。从教师方面来说，他们熟悉学习和教学理论，据此选择课程内容和教材，并设计教学活动。从儿童方面来说，在教育过程中儿童和教师是合作学习关系。教师的责任是为儿童创设良好的语言学习环境，并在儿童之间营造一个非竞争的学习共同体。尤其要注意的是，当儿童有权去做自我选择时，学习的效果会更好。

⑥儿童的语言学习是创造性的学习。语言的学习和应用兼具守成与创新两方面特点。

守成是指语言是社会约定俗成的产物，特定的社会文化环境中通行语言一定是有共同定义的。但是，语言也是不断创新的产物。在全语言研究者的眼中，儿童学习语言的过程是没有"错误"可言的，有的只是他们的"尝试"和"创新"。只有经过尝试，才会获得正确的表达方式，尝试是创新的前奏和必由之路。教育工作者应当充分肯定和鼓励儿童语言学习的创新精神。

全语言教育虽然没有提出固定的模式和方法，但是这种教育理论思潮的观念和原则却在近年来的幼儿语言教育中得到了推广与应用。

（2）2001年教育部颁布《幼儿园教育指导纲要（试行）》，我国的幼教改革已经走过了几十年的历程。该期间是引进新的教育观念和理论的重要阶段，也是我国幼儿教育与国际幼儿教育接轨的时期。从语言教育的角度来看，我国幼教界出现了一些与国际幼教界趋同的倾向。

①在目标上趋向完整语言的要求。近年来，在幼儿园语言教育研究中，人们开始关注语言教育目标的问题，提出在培养幼儿的听、说能力和良好的听说行为习惯的同时，要注意培养幼儿的早期阅读习惯和技能。一些研究者更进一步将幼儿园的早期阅读具体化为前阅读、前识字、前书写三个方面的要求。《幼儿园教育指导纲要（试行）》明确地将幼儿早期阅读方面的要求纳入幼儿园语言教育的目标体系，提出在重视学前儿童听和说等口头语言能力发展的同时，要"培养幼儿对生活中常见的简单标记和文字符号的兴趣"。同时，利用图书、绘画和其他多种方式，引发幼儿对书籍、阅读和书写的兴趣，培养前阅读和前书写技能。由此从国家纲领性文件的高度确立了幼儿园语言教育的完整目标体系。值得注意的是，近年来我国开始关注儿童语言运用能力的发展与教育。在幼儿园语言教育目标的分类上，已有学者从儿童语言运用的角度将语言教育目标分为倾听能力、表述能力、文学作品欣赏能力和早期阅读能力等。《幼儿园教育指导纲要（试行）》第一次比较明确地提出要重视儿童语言的运用，这从某个侧面反映了我国幼儿园语言教育目标上的完整语言倾向。

②在内容上表现出整合的倾向。20世纪90年代以来，我国幼儿园语言教育改革的一个导向是提供整合的语言教育观念，研究者们开始把儿童语言学习看作一个整合的系统，充分意识到儿童语言发展与其他智能、情感等方面发展整合一体的关系。在儿童语言发展过程中，儿童对每一个新词、每一种句式的习得，都是整个学习系统调整、吸收与发展的结果。离开了儿童发展的其他方面，语言学习是不可能成功的。与此同时，儿童语言学习的每一点收获，都对他们其他方面发展起到良好的促进作用，儿童其他方面的发展同样也离不开语言的发展。基于这样的认识，在开展学前儿童语言教育时，幼教工作者注意从外部进行整合，将语言教育视为学前教育整体中的一部分，加强幼儿语言教育与其他方面教育之间的联系，同时注意到儿童语言学习内部的整合，在选择和编排语言教育内容时，将语言学习内容视为一个整体。

③教育过程呈现出真实性和活动化倾向。《幼儿园教育指导纲要（试行）》明确指出，"发展幼儿语言的重要途径是通过互相渗透的各领域的教育"，要"在丰富多彩的活动中去扩展幼儿的经验，提供促进语言发展的条件"。20世纪90年代以来，我国幼教工作者在幼

儿园语言教育中，比较关注幼儿语言教育活动的设计与组织，在组织活动时注意为幼儿创设具有真实语言运用机会的交流情境，使语言教育活动的过程成为教师与幼儿共同建设的、积极互动的过程。

（3）学前儿童语言教育与国际接轨过程中的本土化问题。

①如何依据儿童汉语语言发展的规律进行语言教育。目前，我国幼儿园语言教育的目标在宏观上已经有了比较明确的方向，但是在微观上仍然比较混乱，幼教工作者常常难以操作。造成这种状况的原因之一是，有关儿童汉语语言发展的研究滞后于教育的需要，目前各种教科书所列举的语言发展理论大多来自英语和其他语言国家。另一个原因是，幼教工作者对有关儿童发展研究的信息不够敏感，不知道如何吸收有关我国儿童心理发展研究的信息，并将它运用到早期教育实践中去。这种状况表现在语言教育方面往往造成教育者在制定目标和实施语言教育过程中对儿童语言发展规律的忽略。例如，我国儿童对汉语量词的认知与英语国家的儿童对量词的认知不同，在6岁左右有一个相对敏感的时期。但是有些教师在设计活动时忽略了这个规律，要求4岁幼儿在听说游戏中运用有一定难度的量词，因此影响了活动的教育效果。应当指出的是，虽然人类语言发展有一定的共性，但汉语有自身特有的特点和规律。因此，语言教育必须按照这样的规律进行。

②如何根据中国社会文化环境中幼儿教育的特点进行语言教育。毋庸置疑，中国的幼儿教育从机构设置、人员配备、班级规模到一日活动的安排，都有鲜明的中国特色。人们要注意将"全语言教育"这种新的教育观念与中国幼儿园教育的实际结合起来。例如，考虑到中国幼儿教育的实际，在中国的幼儿园，那种专门为全体儿童共同发展提供的语言教育活动仍然是不可缺少的。丢掉原有的用集体活动的方式进行语言教育的做法，在中国幼儿教育机构现有的条件下，就有可能出现儿童语言学习机会不足或机会不平等的问题。那么，各种类型的语言教育活动如何体现出全语言教育的观念，为全体幼儿提供发展完整语言的机会呢？除了专门设计的语言教育活动之外，如何以全语言的观念进行那些渗透在日常生活中的语言教育呢？在不同的课程模式中，如何嵌入既符合现代理念也符合中国幼教实际的语言教育？上述问题都需要通过研究给予回答。

③如何用"它山之石"解决自己的不足。人们需要从新的高度考虑幼儿语言教育中如何增加幼儿创造性的培养成分，因为传统的幼儿教育中创造性教育不足；人们也需要营造群体教育与个别教育平衡协调的语言学习环境，因为以往的研究对集体活动状态下的语言教育比较注重；人们还需要考虑在幼儿园教育环境中，一般儿童和特殊儿童语言教育方面的共同发展问题，为语言发展方面有特殊需要的儿童提供支持性帮助。《幼儿园教育指导纲要（试行）》已经在语言教育方面提出了上述几点要求，但是在实践层面，人们还有深入研究和贯彻落实的必要。举例来说，幼教工作者和家长在重视早期阅读之后，为什么一下子就会走偏到让幼儿集中大量识字和写字的岔路上去？为什么某些打着"潜能开发"旗号的识字课本能够畅销？问题的关键也许在于我国的研究滞后，在于人们在接受新的观念时，没有很好地思考这些观念与中国原有文化情境中某些观念的冲突，没有经过某种沉淀找到解决中国问题的方案。因此，在中国社会文化环境中如何解决幼儿语言教育的这些问题，

还需要进行深入探讨。

（资料来源：周兢.《幼儿教育》，2002 年 Z1 期，有改动）

【本章思考练习】

1. 简述学前儿童语言观。
2. 简述学前儿童语言教育与全面发展的关系。

第二章

学前儿童语言发展规律与教育

学前儿童语言发展是指个体对母语理解和应用的过程，包括语音、词汇、语法三个方面从量变到质变的连续发展变化。这个发展过程受生理机制成熟和认知能力发展的制约，呈现出固有的发展顺序和阶段。理解学前儿童语言发展过程及其特点，既是制定语言教育目标的依据，也是探讨语言教育规律的依据。

第一节 学前儿童语音发展与教育

一、语音发展

学前儿童语音系统的发展分为语音发声发展和语音知觉发展两个阶段，其分界线是儿童说出第一个有意义的真正的单词。

（一）语音发声发展阶段

从婴儿呱呱坠地到说出第一批真正的词汇，可细分为以下五个阶段。

（1）非自控音阶段（出生~20天）：出生之后的第一声啼哭意味着发音器官已经为发音做好了最基本的物质准备。此阶段婴儿发音以哭声为主，加上一些咳嗽声和吃奶时发出的声音，新生儿绝大多数不能控制这些声音，因此称为"非自控音"。

（2）咕咕声阶段（21天~5个月）：儿童的听音和辨音能力有了很大发展，有大量玩弄声音的现象，有了最初的语音模仿和对话意识。这些非自控发音听起来像人咕咕低语，因此称为咕咕声阶段。

从辅音上看，这一阶段儿童主要发的是舌音，特别是出现了舌中间的边音 [l] 和舌尖后的卷舌音 [tʂ] 和 [ʂ]，但未出现舌尖前音和舌面音。尤其边音的卷舌塞擦音的出现是一大进步，说明婴儿的舌作为发音器官已经开始灵活起来。

元音发展上，除 [y] 和两个舌尖元音之外，汉语所需的元音都已经出现。在这一阶段的前期，元音主要是在上一阶段的基础上向四周蔓延，接着发展后元音和圆唇元音，最后卷舌音 [er] 也发展起来。

（3）牙牙语阶段（6个月~1岁）：5个月的婴儿可以把手放在嘴上"打娃娃"，音节多是同音重复。6个月之后连续发音的节奏感增强，发音形式变得丰富多彩，并且有许多类似语言的语调，婴儿模仿发音的能力大大加强，音高变化有许多已经颇似成人的语调，发音也像成人语言中的词，节（拍）、（音）调成为比较稳定的现象，为声调的形成奠定基础。特别是10个月之后，伴随一些近乎词的语音出现，父母同婴儿的语言交往大幅增加，如果说上一阶段父母还满足与孩子的声音交流，这一阶段真正的语言教育已经开始。

（4）学话阶段（1~1.5岁）：从这一阶段开始，连续音节和类似于词的音节都比上一阶段增多，随着音节词的增多和能说出一些单词，无意义的连续音节开始减少。这是一个从无意义音节发展到词音的过程。

（5）积极言语发展阶段（1.5~6岁）：此阶段儿童由单词句、双词句向完整句子过渡，集中的无意义发音现像已经消失，语音已经和词、句子整合在一起。为了使语音携带一定的意义，发音服从于词的需要受到一定的限制，因发音器官不健全，存在许多语音错误，这也是儿童重要的发音策略。

①发音水平随年龄增长而提高。2.5~4岁是语音发展的飞跃期，可持续到4.5岁，4~5岁儿童语音进步最明显。

②儿童发声母比韵母难，易出错。前后鼻音、卷舌音和不卷舌音区分困难。

③儿童语音受到方言语音的干扰。

（二）语音知觉发展阶段

1. 声调知觉的发展

婴儿对声音非常敏感，出生后第1周听到轻柔的声音会停止哭叫，两周就能区分语音和其他声音，23天对人的声音能做出凝视、微笑或停止哭叫的反应，4个月能区分愤怒和友好、熟悉和陌生的声音。若无上述反应，则可能听力有问题，应引起成人关注及时送医。

婴儿对声调也非常敏感，出生后7周就能分辨升降调，这说明婴儿在辨别词的意义之前已经学会辨别声音的音调模式，成人如果用同样的音调发出不同的词，婴儿会做出同样的反应。

婴儿对词的重音也比较敏感，在语音的感知顺序与语音产生中，先学会语音的声调和句子的声音模式，后发展有意义的词音的顺序完全一致。

2. 词的语音表象的建立

儿童语音记忆表象主要按照成人发音形式储存。儿童能辨识自己还不会发音的词，发音与成人一致时，儿童首先反应的是成人的词。儿童的语音听觉表象与语音的动觉表象之间并不是马上就能吻合的，需要不断实践调整。这期间成人的语音模式对儿童非常重要。

儿童在说话前就已经有顺序地进行了语音的准备，成人必须掌握儿童语音发展的内在动机和内部程序，既不放任自流也不违反规律拔苗助长。

二、影响语音发展的因素

儿童语音发展是生理因素、语言因素、环境因素相互作用的结果，在语音发展不同时期、不同语音发展方面，有不同的影响。

（1）生理因素：构造正常的发音器官、听觉器官及大脑的成熟过程是决定儿童语音发展的先天因素，年龄越小，这些因素对儿童语音发展的作用越是根本性、决定性的。随着儿童年龄增长，先天生理因素对儿童语音发展影响逐步减弱，其他因素的作用逐步增强，但其对儿童语音发展的影响绝不会消失。

（2）语言因素：作为语言的子系统，语音发展必然受到语义、语法等因素的影响。例如，呀呀语向语音发展转化时期出现的发音紧缩现象及此后的发音简化现象，是此阶段儿童赋予声音意义，音义结合，并要把这种音义结合依据一定的语法规则组合起来，同时还要与一定的语境相匹配。这些新的语言和语用任务，需要儿童付出许多精力去应付，从而导致语音的紧缩和简化。

（3）环境因素：人是社会性动物，语言是人类社会发展到一定程度的产物，语言尤其语音的意义都是社会约定俗成的，因此儿童生存所在的环境尤其语音环境是决定儿童后天语音发展的关键因素。印度狼孩的故事就说明在语言尤其语音发展的关键期，缺少正常的社会语言环境，狼孩姐妹最终没有学会人类的大部分语音。若没有周围人发出各种语音，即使儿童先天的语音生理因素正常，因为没有模仿对象，发音后没有人与其交流反馈进而促成儿童调整修正语音，其语音也不能正常发展。

三、学前儿童语音教育

学前期是儿童语音教育关键期，是掌握本民族口语的关键期，学前教师比其他阶段教师的语音教育任务要重得多。

1. 语音教育的基本内容

（1）培养儿童辨析性的听音能力：儿童言语发展早期，优先感知别人说话的语调，因此模仿语调能力也较早发展；因为听觉水平比较低，听音和辨音能力较差，对语句的每一个词应不能分别感知，或感知的准确性较差，直到3岁左右许多儿童仍然不能精确分辨近似音，在发音时还会出现相互替代现象。能分辨语音的细微差别是正确发音的前提，学前儿童尤其要辨析某些近似音，如[zh]、[ch]、[sh]、[z]、[c]、[s]，为正确感知和发送词音奠定基础。

（2）教会幼儿正确发音：若想有效地利用口头语言进行表达交流，就必须清楚正确地发音。教师应教会儿童按照普通话的发音标准准确发音，入学前基本能够掌握普通话的发音音节。首先训练儿童正确掌握1 300多个普通话音节，正确发音包括声母、韵母、声调三方面训练内容。

（3）培养幼儿言语表情：口语中为了准确和富有表现力地表达思想，就需要声音的性质有所变化。训练儿童根据表达内容的需要调整声音的音质、高低、速度、抑扬顿挫等，构成不同的言语表情，再辅以合适的面部表情、眼神、手势等体态语言。平时讲话应注重培养儿童使其表情自然、富有感染力和表现力，以此增强语言的交际功能。

（4）培养幼儿言语交往的文明修养：言语交往的文明修养是对讲话态度方面的要求，应该从学口语就开始培养，且态度自然、声调悦耳、说话有礼貌，不能不分场合地撒娇和粗暴地讲话。

2. 学前儿童语音教育途径

（1）日常生活中练习发音：为了使每个幼儿都能掌握普通话的标准音和语调，运用一些学习形式集体进行练习是非常必要的，但大量的练习还需要在日常生活中自然进行。如何进行，教师应根据本地区和本班幼儿发音的情况，确定语音训练的重点和重点帮助对象。

在日常生活中练习，应随机、个别地进行。例如，有的幼儿湿（shi）和吃（chi）分不清，教师就可以利用实际生活场景进行谈话帮助幼儿发音，"你把毛巾放在水里怎么样了？"幼儿早晨来园时问"今天早餐吃的是什么？"创设机会引导幼儿练习发"湿"和"吃"的音。

（2）开展听说游戏，学习正确发音：良好的听觉是清晰发音的前提。发展听觉的灵敏度就是发展辨音的能力，发展听觉和发音的听说游戏活动可以培养幼儿正确的发音能力与听觉注意力，提高辨音能力。听说游戏的内容、规则和过程，需要根据本班幼儿发声特点确定。教师在选编这类游戏时，应注意游戏结构应简单，不应该把难发的音过于集中，难度太大会降低幼儿学习的积极性。

为了使幼儿有模仿的榜样，教师不仅可以作为游戏的组织者，有时还可以作为游戏的参加者，以正确的发音为幼儿示范。在游戏过程中，教师除了注意全班幼儿的练习之外，更应注重个别幼儿的单独练习。教师必须注意倾听每个幼儿的发音，发现错误要以正确的示范予以纠正。

（3）利用儿歌、绕口令练习发音：儿歌、绕口令都是有韵律的文学作品，能生动形象地表现一定的内容。它结构短小，便于记忆和提高幼儿练习发音的兴趣。

绕口令又称急口令，是儿歌的一种，利用它有意识地重复许多相近或相似的词音，可帮助幼儿区别易混淆的音。绕口令从内容到形式都比较生动活泼、风趣，受到幼儿的广泛喜爱。教绕口令时，教师要自己先背熟，使自己的发音准确无误。幼儿开始学绕口令时，在速度上不宜太快，不是求速度，而是求质量，力求每个音都准确无误。待幼儿背熟后，再逐步要求他们加快速度，以提高幼儿发音的准确度。绕口令主要适合中、大班进行。

（4）教师示范讲解正确、规范的发音：教师正确的示范是教幼儿掌握发音的基本途径。通过示范，不仅要求幼儿能正确感知语音间的细微差别，还应让他们掌握发音部位和发音方法，让幼儿知道音是如何发出的。教师的示范要照顾到幼儿听和看两个方面，以便于他们模仿。

由于发音部位不同，发音难度也不同，如唇音，主要是上下唇（圆唇、不圆唇）的活动，比较简单，易被幼儿看到，便于模仿和掌握。而更多的音需要舌头参与活动，这些音的发音都不易被幼儿观察到，并且动作比较精细、复杂，因此唇音是幼儿掌握较慢、不易发准的音。对这一类音就需要教师采用示范和讲解相结合的办法，使幼儿掌握发音要领。例如，[n] 和 [l] 的音发不准时，教师就要向幼儿讲清楚它们发音的方法有什么不同。[n] 是鼻音，[l] 是边音，教师要将其发音原理具体化，形象地向幼儿讲解。发 [n] 的时候，舌尖翘起抵住上牙床，同时舌头要向两边展开，用力把气流堵住，使气流从鼻孔出来。讲解后，可让幼儿反复拉长音练习，使其体验气流是否从鼻子里出来。在发 [l] 时，舌尖只抵住上牙床中间部分，舌头不向两边舒展，在两边留出空隙，堵住鼻孔的过路，使气流从舌的两边出来。示范之后，应让幼儿反复试验和体验。对于其他难发的音，也可采取类似的方法或创造其他方法，帮助幼儿较快掌握发音的要领。

第二节　学前儿童词汇发展与教育

表达一定意义的语音，即语词，语词又汇合成词汇，人只有积累足够数量的词汇，才能明确表达思想，与人交流，充分发挥语言交际工具作用。词语是构成语言系统这座大厦的砖和瓦，词汇是语言的建筑材料，词的理解、积累和运用是语言能力的重要组成部分。

一、学前儿童词汇发展的特点

1. 词汇数量不断增加

词汇量是儿童语言发展的标志之一。词汇量的多少直接影响儿童言语表达能力的发展。另外，概念即用词表述，语言是思维的凭借物、思维的物质外壳，因此词汇量也是儿童智力发展的标志之一，词汇量越大，智力水平越高，儿童拥有的词汇量就越丰富。

（1）词汇量随着年龄的增加而增加：1 岁儿童词汇量一般在 10 个以内，1.5 岁为 50~100 个，2 岁时达到 300 个左右；2.5 岁增加至 600 个，3 岁为 1 100 个，3~4 岁为 1 600 个词，4~5 岁可以掌握 2 300 个词，5~6 岁可以掌握 3 500 个词。

（2）3 岁以后词汇量的增长率呈现递减趋势：2~3 岁儿童词汇量增长率为 200%，3~4 岁则为 50%，4~5 岁降至 40%，5~6 岁增幅为 34%。由此可知，儿童词汇增长率随年龄增加反而呈现递减趋势。

（3）3 岁左右是儿童词汇增长的高速期：国内外有关研究表明，3~6 岁是人一生中词汇数量增加最快的时期，3 岁和 6 岁分别是两个词汇增长高速期。这种说法是否成立还有待进一步研究证明。

2. 掌握词汇的范围不断扩大

词汇量从量方面说明儿童词汇水平，而不同词类抽象概括水平不同，词类范围则从质的角度说明儿童词汇水平。因为学前儿童以直觉动作思维和具体性思维为主，抽象逻辑思维刚刚开始萌芽，所以大量掌握的词汇是意义比较具体、指代具体实物的实词（包括名词、动词、形容词、数量词、代词、副词等），而实词不能单独成为句子成分，儿童掌握的意义比较抽象的虚词数量却少得多。但从质量方面看，掌握虚词（如因果连词）意味着儿童智力发展达到相对较高的水平。

（1）掌握各类词性的顺序不同：学前儿童先掌握实词，后掌握虚词。3~6岁儿童实词中最先和最大量掌握的是名词，占词汇总量的51%；其次是动词，占20%~25%，最后是形容词，占10%以上；儿童较晚掌握的其他实词（如副词、代词、数词）、虚词（如连词、介词、语气词）等在词汇中所占的比例较小。实词在3~4岁时增长的速度较4~5岁时迅速，虚词则在4~5岁时增长迅速。因此，一般认为4~5岁是词汇丰富的活跃期，5~6岁是言语表达能力的明显提高期。

（2）词类的使用频率不同：词频率是指某类或某个词汇的使用频率。幼儿使用词频率最高的是助词，其次是代词，最后是副词和介词，使用动词的频率高于名词。

（3）掌握各类词汇的内容不断扩大：随着年龄的增长，儿童生活范围不断扩大、思维水平不断提升，所获名词数量也在迅速增长。具体名词范围扩大，同一类词的内容也在不断扩大，出现了抽象名词。儿童名词发展的突出特点主要表现在以下几个方面：①具体名词早于且快于抽象名词的发展。②儿童掌握较早且较多的是与其生活关系密切的词，如日常生活用品、日常生活环境、人称、动物类名词。③抽象名词随着年龄的增长而逐步增多。在表示自然常识的名词中，掌握最多的是动物名词，其次是植物名词，最后是自然现象名词。

儿童常用动词词汇中，反映人物动作和行为的词约占80%，趋向动词约占8%，心理动词约占5%，存现动词（表示事物存在状态、增减变化、出现消失）约占5%。

形容词使用率位居第三位，并且随着年龄的增长而增长，4岁以后呈现迅速增长的趋势。形容词的迅速发展是儿童句子复杂化的标志，也是儿童对事物的性质认识迅速发展的一个标志。从年龄上看，儿童最早使用的形容词是描述物体特征的（2岁），2.5岁时开始使用饿、饱、痛等关于机体知觉的形容词，3岁开始使用描述动作和人体外形的形容词，最后是描述个性、品质、表情、情感、事件、情境的形容词。各种形容词的使用频率从高到低依次是：描述物体特征、动作、人体外形、机体觉、个性品质和表情情感的形容词，使用率最低的是描述事件情境的形容词，这说明明显的外形特征容易被儿童认识掌握。

3. 对词义的理解不断确切和深化

随着词汇量不断扩展、词类不断增加的同时，儿童掌握每一个词的含义也逐渐确切和深化。

1~2岁儿童对词的理解比较笼统，常用一个词代表多种对象，如"蛋蛋"既表示鸡蛋也表示形状相近的橘子，还可以表示天上圆圆的月亮（实际上儿童清楚它们为不同的事物，仅仅是词汇量较少，不知道应该使用什么样的词进行表述，只可意会不能言传，这就是所谓的消极词汇）。另外，儿童对词的理解非常具体，概括性较差，"蛋蛋"仅仅是指他所见的某一个具体的鸡蛋，"妈妈"可能指的仅仅就是自己的妈妈，而不是某一类人的代称。

随着对词义理解的确切和加深，儿童不仅能够掌握词的一种意义，还能够掌握词的多重意义；不仅能掌握词的表面意义，还能掌握词的转义。儿童掌握的词义越丰富深刻，他运用词汇的积极性也就越高。词可以从被动（消极）词汇转换为主动（积极）词汇，既能理解也能正确运用。

儿童词汇虽然有以上方面的发展，但与以后的发展相比较，这个时期的词汇还是贫乏的，概括性较低，理解使用上也经常会出现错误，因此必须加强词汇教育。

二、学前儿童词汇教育的内容与途径

1. 丰富儿童词汇

词汇是语言的基石，学前儿童词汇教育的首要任务是丰富儿童词汇量，不断为其提供大量新词，并帮助其理解、记忆、使用。

（1）为儿童提供的新词应以实词为主：学前儿童最先掌握实词，实词的数量在整个词汇量中占比最大，实词有实际意义，往往代表物品或动作的名称和特征，比较容易作为句子的主干成分，经常在交际中运用，因此为儿童提供的新词应以实词为主。

（2）儿童通过与成人或同伴的自然交往学习新词汇：在儿童与成人、同伴的交往中，表词达意、传递信息、交流思想的机会越多，习得新词、运用新词的机会就越多，在自然的语用环境中不知不觉之间学习掌握新词，丰富词汇、尝试使用，语言能力自然提高。

2. 帮助儿童正确理解词义

正确理解话语含义、进行语言交流的前提是正确理解每个词的含义。儿童因为缺乏生活经验、具体形象思维特点，往往会根据语境理解一些带有抽象意义的词，如把"勇敢"理解为打针不哭，便出现词义理解上的偏差。儿童还经常从字面上理解词义，不能理解其象征意义、转义或成人的正话反说，如把"黑话"理解为晚上不开灯说话等。因此，不断丰富词汇量、扩展其词汇类别的同时，还要指导儿童正确理解词义。

（1）让词和词所反映的事物同时出现：每当儿童的生活中出现积木时，成人就指着积木说"积木，这是积木"，几次之后儿童自然知道这样东西是积木。同样，孩子每次看到红色的东西，成人都说这是红色的帽子、红色的鞋子、红色的皮球，强调红色，久而久之，儿童就逐渐会把红色这个词从各种具体事物中抽取出来，理解红色的含义。因此，词和它所反映的事物同时出现，是儿童丰富词汇、学习语言的基本途径。特别是对那些特定事物及其表征的实词，以此方式学习可以取到事半功倍的效果。

（2）借助有关材料为儿童提供词汇的直观信息：有些儿童不能直接接触的事物，成人可以借助图画、音像、多媒体等手段，为儿童提供直观的信息，帮助其将这些事物的名称特征与相应的词联系起来，帮助儿童理解词义。

（3）引导儿童联系上下文或根据自己的已有经验理解词义：对年龄较大、有文学作品学习经验的儿童，成人可引导他们联系上下文、语境或根据已有经验理解新词的含义。

3. 帮助儿童正确运用词汇

小班刚入园幼儿可能已经拥有 1 000 多个词汇，但因为词汇量偏少、对词义理解不准确、构词规则泛化等原因经常出现错用或误用词汇的现象。教师可以从以下几方面帮助儿童学会正确运用词汇。

（1）经常为儿童提供正确用词的典范。

①用词命名。引导儿童观察周围事物时，配以相应的言语说明，使其了解周围各种事物和现象的名称。这样当儿童想说某件物品、描述某个动作和场景时，就知道如何称呼与表达，避免不知如何表达而选错词的情况。

②语法规范。教师、成人对幼儿讲话时尽可能不出现错误语法，为儿童提供良好的榜样示范。

（2）针对儿童经常错用或误用的词汇及时反馈。幼儿通常对自己生造的词或句法有相当情感，不喜欢被成人直接纠正，因此对儿童用词错误既要及时纠正也要注意方式方法，往往先表示理解，再说出正确的说法，一般不直接指出错误，而是采用隐性示范。

（3）为儿童常设适宜的环境，鼓励他们大胆使用已理解的词汇。儿童在日常生活中积累了大量的词汇，但因生活范围狭小，许多学过的词在生活中很少有机会运用，成了消极词汇。因此，教师要为儿童创设丰富多彩、形式多样的语言情境，引导他们通过各种感官感受外界事物，产生不吐不快的表达欲望，并联系已经掌握的文学语言充分表达自己的感受，尝试表词达意，盘活积淀的词汇，将消极词汇转变为积极词汇。例如，教师带儿童春游时，在感受大自然的魅力、享受愉快心情的同时，面对草地、阳光、花香、鸟语等美好的事物，引导儿童联想以前学过的文学作品中的优美词汇尝试描述眼前美景，通过语言与别人分享自己的快乐心情。

第三节　学前儿童语法发展与教育

对语音赋予意义即是词汇，词汇按照一定约定俗成的规则——语法组成语言。语法是由一系列语法单位和有限的语法规则构成的，是语言最抽象的基础性系统，是语言的民族特点和个体语言能力最基本的表现。儿童学习语言不但要掌握一定的词汇，还要掌握本民族语言的基本语法结构。儿童语言学习过程也是掌握语法的过程。

一、学前儿童语法发展特点

1. 句型从不完整向完整发展

2 岁以前儿童能驾驭的句子多是以单词句和多词句为主的不完整句，此后逐渐出现比较完整的句子，而完整句的数量比例随着年龄的增长而增长。6 岁左右的儿童 98% 以上使用完整句。

（1）从简单句到复合句。简单句是句法结构完整的单句。幼儿使用简单句比例较大，如主谓结构"宝宝睡觉"、谓语宾语结构"吃饭饭"、主谓宾结构"宝宝吃糖"、主谓双宾结构"阿姨给宝宝糖"等。

随着年龄的增长，复合句开始出现，但总体比例不大，学前晚期仍在50%以下，且结构松散，缺乏连词，大多只是简单句意义上的结合，如"妈妈上班，我上幼儿园"。联合复句出现较早，偏正复句出现较晚且难以掌握。幼儿常用的偏正复句主要有条件复句、因果复句、转折复句（4岁以后）等。

（2）从陈述句到非陈述句。儿童最初掌握的是陈述句。在整个学前期，简单的陈述句是基本句型，幼儿常用的非陈述句有疑问句、祈使句、感叹句等。

（3）从无修饰句到有修饰句。儿童最初说的句子没有修饰语，如"宝宝画画""妈妈走了"等；2~3岁有时出现一些修饰语，如"大灰狼""小白兔"等，但他们实际上将修饰词和被修饰词当作一个词组使用，在他们的意识中只要是狼就是大灰狼，无论其个大个小、灰色还是褐色。2.5岁儿童已经开始出现一定数量的简单修饰语，如"两个宝宝搭积木"。3岁儿童已经开始出现复杂修饰语，如"我玩儿的积木"。3~3.5岁是复杂修饰句数量增长最快的时期。4岁儿童中有修饰语的句子开始占优势。

2. 语句结构处于不断发展变化之中

句子结构从表达内容、词性、结构层次的混沌一体到逐步分化，句子结构从松散到逐步严谨，句子结构从压缩、呆板到逐步扩展和灵活。

3. 句子包含的词量不断增加

3~4岁幼儿以含4~6个词的句子为主，4~5岁幼儿以含7~10个词的句子为主，5~6岁幼儿以含7~10个词的句子为主，同时开始出现不少于11~16个词的句子。这说明随着年龄的增长，儿童所用的句子有延伸趋势，句子包含词量逐渐增加。

二、学前儿童语法教育的途径

1. 在日常生活中培养儿童清楚完整的表述能力

在日常生活中，成人要循序渐进地训练儿童完整清楚地表达自己的意思，让儿童知道自己想要什么想干什么必须把话说完整，让别人听明白。切忌在孩子把看到的东西转化为口语表达时，话还没说完成人就急不可耐地进行"心领神会"，更忌讳在语言上的"包办代替"。

2. 用口头造句的形式培养儿童说完整句

从口头造句开始，引导儿童用一个完整的语句表达自己的思想。例如，用"许多"造句，可以说"公园里有许多花"，而不能说"许多花"，经过反复训练，幼儿会感受到什么是完整句，说话应该怎样说完整句。

3. 用竞赛、游戏等提高儿童说完整句子的积极性

日常生活中要求儿童坚持用完整语言表述，时间长了难免感到枯燥乏味，影响儿童

的积极性，因此要引入竞赛、游戏等生动有趣的形式，增加活动的趣味性，训练儿童说完整语句。

【本章思考练习】

1. 简述幼儿语音发展的主要特点。
2. 简述影响幼儿语音发展的因素。
3. 简述幼儿语音教育的主要途径。
4. 简述儿童词汇教育的内容和途径。
5. 简述幼儿语法教育的途径。

第三章

学前儿童语言教育目标与内容

第一节 学前儿童语言教育目标

学前儿童语言教育目标是学前教育总目标在语言领域的具体化,它指出通过语言教育所要达到的预期效果。作为学前教师必须明确:通过语言教育学前儿童的语言可以获得什么样的发展,达到何种水平,实现什么目标。明确语言教育目标,能更好地指导教师确定语言教育中的内容,以及所采取的方法和途径。同时,它也是语言教育效果的评价标准。

一、语言教育目标制定的依据

(1) 社会的要求:教育是社会发展的产物,教育目的之人的社会价值规定性决定了教育本质是按照一定的社会要求对儿童身心发展施加一定的影响,使其向社会预期的方向发展,那么社会和时代发展对人才培养、对教育的要求,必然为确立语言教育目标指明了方向。了解社会对儿童语言成长发展的期望和要求,可以帮助人们确定学前儿童应当学什么,应当掌握哪些最基本的语言知识和技能。

(2) 学前儿童语言发展的规律尤其语言的学科性质以及学前儿童语言学习的特点:教育目的之人的身心发展规定性决定了教育必然关注教育对象的认知、情感、社会性、个性等,促进其身心全面发展,因此制定教育目标必须充分了解并尊重儿童身心发展的客观规律。学前儿童语言教育是以促进学前儿童身心发展为根本目的的,因此必须尊重学前儿童身心发展的规律。

尊重学前儿童身心发展的规律意味着在制定教育目标时,应该注意学前儿童的语言发展需要和特点,根据他们身心发展的客观进程实施教育。了解和掌握有关学前儿童语言发展的进程、特点和机制等使人们在制定学前儿童语言教育目标时，可以根据学前儿童的实际状况确定促进他们语言发展的方向。

语言作为一门学科或学前儿童教育课程中的一个领域，有其独特的教育功能和逻辑结构，学前儿童学习语言也有其特殊的规律，因此在制定学前儿童语言教育目标时必须充分考虑语言的学科性质及其对学前儿童的教育功能和价值，尊重学前儿童语言学习的心理顺序和学习特点，制定符合学前儿童语言学习特点的恰当的教育目标。

（3）学前教育机构保育和教育的目标：我国学前教育的目标是"对学前儿童实施体、智、德、美诸方面全面发展教育，使其身心和谐健康发展"，学前儿童语言教育是实施全面发展教育的重要组成部分，应以学前教育目标为依据。我国学前教育的纲领性文件《幼儿园教育指导纲要（试行）》《3~6岁儿童学习发展指南》等对各级各类学前教育保教机构的教育目标进行明确规定，这是人们进行语言教育的必然依据。

只有根据社会要求、儿童语言发展和学习规律以及语言的学科性质等制定学前儿童语言教育目标，才能使这种语言教育真正成为有的放矢、有价值意义的教育。

二、幼儿园语言教育目标的结构与内容

（一）幼儿园语言教育的总目标

幼儿园语言教育总目标是幼儿园语言教育任务要求的总和，即幼儿园三年语言教育所期望的最终结果，它是幼儿园教育总目标的一个组成部分。

《幼儿园教育指导纲要（试行）》中语言领域的规定主要包括以下几点。

1. 语言教育总目标

（1）乐意与人交谈，讲话礼貌。
（2）注意倾听对方讲话，能理解日常用语。
（3）能清楚地说出自己想说的事。
（4）喜欢听故事、看图书。
（5）能听懂和会说普通话。

2. 教育要求

（1）创造一个自由、宽松的语言交往环境，支持、鼓励、吸引幼儿与教师、同伴或其他人交谈，体验语言交流的乐趣，学习使用适当的、礼貌的语言交往。
（2）养成幼儿注意倾听的习惯，发展语言理解能力。
（3）鼓励幼儿大胆、清楚地表达自己的想法和感受，尝试说明、描述简单的事物或过程，发展语言表达能力和思维能力。
（4）引导幼儿接触优秀的儿童文学作品，使之感受语言的丰富和优美，并通过多种活动帮助幼儿加深对作品的体验和理解。
（5）培养幼儿对生活中常见的简单标记和文字符号的兴趣。
（6）利用图书、绘画和其他多种方式，引发幼儿对书籍阅读和书写的兴趣，培养学前

阅读和学前书写的技能。

（7）提供普通话的语言环境，帮助幼儿熟悉、听懂并学说普通话。少数民族地区还应帮助幼儿学习本民族语言。

3. 指导要点

（1）语言能力是在语言运用的过程中发展起来的，发展幼儿语言的关键是创设一个能使他们想说、敢说、喜欢说、有机会说并能得到积极应答的环境。

（2）幼儿语言的发展与其情感、经验、思维、社会交往能力等其他方面的发展密切相关，因此，发展幼儿语言的重要途径是通过互相渗透的各领域的教育，在丰富多彩的活动中扩展幼儿的经验，提供促进语言发展的条件。

（3）幼儿的语言学习具有个别化的特点，教师与幼儿的个别交流、幼儿之间的自由交谈等，对幼儿语言发展具有特殊意义。

（4）对有语言障碍的儿童要给予特别关注，要与家长和有关方面密切配合，积极地帮助他们提高语言能力。

分析《幼儿园教育指导纲要（试行）》上关于语言教育目标的内容，可以看出以下倾向：①更加明确地提出语言运用能力方面的要求，适当降低语言形式等知识方面的要求。②在文学作品的学习方面，更加突出文学作品的审美功能。③早期阅读能力的培养引起足够的重视。重视支持性语言教育环境的创设：教师作为儿童语言发展的支持者的作用得到凸显；支持幼儿语言学习的个别需要；支持幼儿开放而平等地进行语言学习；支持幼儿在活动中扩展语言经验。

（二）幼儿园语言教育的年龄阶段目标

幼儿园语言教育年龄阶段目标是语言教育目标的具体化。对幼儿所要达到的语言总目标需要一步一步地落实到不同年龄儿童身上，这样才能够循序渐进地促进儿童的语言发展。

1. 小班

（1）倾听部分。

①乐意听老师和同伴讲话。

②能听懂普通话。

③听别人说话时能保持安静，不打断别人说话。

（2）表述部分。

①愿意学说普通话，喜欢与老师、同伴和成人交谈。

②知道在集体面前要大声发言，在个别交谈时音量要适当。

③会用简单的语言回答问题，表达自己的请求、愿望、感情与需要等，能讲述图片内容和自己感兴趣的事。

（3）欣赏文学作品部分。

①愿意欣赏并初步感受和理解不同体裁的幼儿文学作品。

②能独立地念儿歌，讲述简短的句子。

③能仿照编写较简单的儿歌、散文和故事等。
（4）早期阅读部分。
①可以用一段话讲述一幅图的含义。
②知道每个字发音不同，所代表的意思也不同。
③喜欢听成人讲述图书的内容，并尝试自己阅读图书。
④学习正确的阅读方法，会按顺序翻阅图书，看出图书画面内容的主要变化。

2. 中班

（1）倾听部分。
①能有礼貌地、集中注意力倾听他人说话。
②能区分普通话和方言的发音。
③能理解多重指令。
（2）表述部分。
①积极学说普通话，发音清楚，积极有礼貌地参与交谈。不随便插话和打断别人的谈话。
②说话声音的音量和语速适当。
③能用完整的句子较连贯地讲述个人经历和图片内容。
④能大胆、清楚地表达自己的请求、愿望、情感和需要等。
（3）欣赏文学作品部分。
①初步了解幼儿文学作品的不同体裁及其构成因素。
②在理解作品经验的基础上，会初步理解和归纳作品的主题与作者的思想感情脉络。
③会有情感地朗诵诗歌、散文和讲述故事等。
④能根据作品提供的线索进行想象和创造，编写构造内容，模仿编写诗歌和散文等。
（4）早期阅读部分。
①知道口头语言和文字的对应转换关系。
②能集中注意力倾听成人讲述图片中画面的文字说明，理解书面语言。
③能独立阅读图书，理解画面内容。
④对画面的文字感兴趣，主动学习认读常见的汉字。

3. 大班

（1）倾听部分。
①无论在集体场合还是个别交谈均能认真、耐心地倾听他人的谈话。
②能辨别普通话声调、语调和语气的不同变化。
③能理解并执行复杂的多重指令。
（2）表述部分。
①坚持说普通话，发音准确、清楚，能主动、热情、有礼貌地用正确的交流方式与人交谈。
②在不同的场合会用恰当的音量、语速说话。

③能连贯地讲述事件,以及对图片和物品的认识。
④能主动、大胆地使用适当的词、句、语段表达,乐于参加讨论和辩论,敢于发表不同的意见。

(3)欣赏文学作品部分。
①理解幼儿文学作品的不同体裁和构成因素。
②在教师的帮助下,分析作品中的特殊表现手法,体验作品的思想感情脉络。
③有表情地表演故事、童话、诗歌和散文。能独立创编或与同伴共同创编故事、诗歌和散文的完整内容或部分内容。

(4)早期阅读部分。
①理解画面内容,能够对画面的内容用恰当的扩展和缩略合理表述。
②会保护和修补图书;能够用绘画自制图书(可以让幼儿绘制画面,幼儿口述画面内容,教师或成人代笔记录画面的文字说明)。
③对学习与阅读文字感兴趣,积极学习认读常见的汉字。
④初步认识汉字的间架结构和书写风格,能够用正确的笔顺书写自己的姓名以及常见的、简单的独体字。

不同年龄,同一具体目标要求有一定差异。例如,幼儿倾听行为的培养,着重点应放在对语音语调的感知和对语义内容的理解上,应当通过教育逐步帮助幼儿建立起以下几种倾听技能,小班重在有意识倾听,能够集中注意地倾听;中班侧重辨析性倾听,能够分辨听到的不同内容;大班强调理解性倾听,能够掌握听到的主要内容,能够连接上下文的意思。

(三)幼儿园语言教育的活动目标

幼儿园教育的总目标和年龄阶段目标一般由专门的机构制定,但幼儿语言教育的具体活动目标一般由教师制定,是指在某一具体的教育活动中要达到的目的。有时具体活动目标是一次活动中要完成的任务,但也有可能是一组相近的活动或一个主题系列活动的目标,它们使具体的教育内容紧密地联系在一起。无论哪一种活动,都含有一定的要求并通过教师的活动计划和教育实践得以体现。

语言教育活动目标对幼儿园语言教育全过程具有指导作用:决定教育活动内容,影响教育方法和手段的选择,引导教育环境的布置,是指导教育评价的重要标准。

1. 具体活动目标的内容

具体活动目标要依据总目标和年龄阶段目标制定,包括情感、认知、能力三个方面。
(1)倾听部分。
①认知目标——懂得别人对自己说话时要注意倾听。
②情感态度目标——喜欢听,并积极有礼貌地听别人对自己说话。
③能力与技能目标——能集中注意力、有礼貌、安静地倾听;能听懂普通话,能分辨不同的声音和语调;能理解并执行别人的指令。

(2)表述部分。

①认知目标——懂得用适当的音量说话,有积极的表述愿望。

②情感态度目标——喜欢与他人交谈,在适宜的场合积极、主动、有礼貌地与人交谈。

③能力与技能目标——会说普通话,发音清楚,语调准确,能运用恰当的语句和语调表述意见与回答问题,能用完整、连贯的语句讲述图片和事件。

(3)欣赏文学作品部分。

①认知目标——懂得文学作品中运用的是规范而又成熟的语言;阅读和聆听文学作品能增加知识,明白事理,并能感受到语言艺术的美。

②情感态度目标——乐意聆听和阅读文学作品,积极参与文学作品学习活动。

③能力与技能目标——理解文学作品的内容,体会文学作品的语言美,积累文学语言;初步了解文学常识,会区别不同类型的文学作品及其构成要素;能用动作、语言、美术、音乐等不同表现方式,积极反映对文学作品的理解;学会编构故事,表演故事、诗歌、散文等。

(4)早期阅读部分。

①认知目标——懂得口语与文字和图书的对应及转换关系。

②情感态度目标——对图书和文字产生兴趣,喜欢认读常见的、简单的独体汉字。

③能力与技能目标——掌握阅读图书的基本方法;能集中注意力阅读图书,倾听、理解图书内容;能学会制作图书并配以文字说明;了解汉字的书写风格,主动积极地认读常用字;能按规范笔顺书写自己的姓名和一些常见的独体汉字。

具体活动目标是为年龄阶段目标、语言教育目标服务的,是总目标与年龄阶段目标的最终分解和具体化,语言教育正是通过每一个具体活动落实到幼儿身上的。因此,具体活动目标的积累便构成了年龄阶段目标,乃至语言教育目标。每一次具体活动目标的实现,都向完成年龄阶段目标和语言教育目标迈进了一步,要注意避免三个层次目标的脱节问题。一般而言,总目标和年龄阶段目标由专门的机构制定,但具体活动目标需要教师自己策划设计。

2. 制定活动目标的注意事项

在幼儿语言教育目标落实到每个幼儿的过程中必须注意以下三点。

(1)高层次目标要准确地转化为若干个低层次目标。

(2)具体的教育过程中,教师要把握各个层次教育目标的内涵与相互间的关系。

(3)教师要根据目标选择相应的教育内容,确定恰当的教育方法,从而确保目标的实现。

三、活动目标的制定方法

(一)案例分析

大班故事活动如下。

城里来了大恐龙

大恐龙来到城里，它觉得这个地方比它以前到过的任何地方都热闹。

大恐龙"啪哒啪哒"地走在马路上，可是它的身体太大，导致交通堵塞，汽车排起了长队，响起了喇叭。

大恐龙"啪哒啪哒"地走在铁路上，大恐龙的身体太重，铁路被踩得"吱哩吱哩"直响，火车也被震得跳起了舞。

大恐龙"啪哒啪哒"地走在胡同中，它闻到了厨房飘出的阵阵香味，忍不住把头伸进窗户，可是大恐龙脖子太长，把人家的房顶都掀翻了。

大恐龙心里很难过。

城里的人感到大恐龙给他们带来了危险。

这时一个聪明的小孩说："大恐龙走了许多路，一定是饿了。"他带着许多小朋友在马路上撒青草，大恐龙沿着这条青草路边吃边走，吃饱了就在十字路口打起了瞌睡。马路被堵住了，汽车从大恐龙身上、身下开过，大恐龙变成了立交桥。大恐龙身上痒痒的，睁开眼睛一看，想不到自己还有这么大的用处。

大恐龙觉得自己应该为城里人多做一点事，因为它特别喜欢这个地方。一辆辆大卡车、面包车、小汽车从大恐龙身下开过去，一辆辆自行车、摩托车、三轮车从大恐龙身上骑过去，一群群大人、小孩从大恐龙身上走过……城市的马路畅通了，大家都说，大恐龙立交桥真好！

（资料来源：http：//data.06abc.com/20101027/78700.html，有改动）

活动目标主要包括以下几点。

（1）帮助幼儿理解故事内容，萌发热爱动物、保护动物的情感。

（2）会运用已有知识经验大胆想象。

（3）能在集体面前积极说话，形成讲述的能力。

（二）理论归纳

（1）从情感与态度、能力与技能、认知三个方面促进幼儿的发展。

（2）站在幼儿的角度而不是教师的角度表述目标，如"能"而不是"引导，帮助，培养，鼓励"。

（3）应该是本次活动中确实想要达到即可行性的要求，而不是大而空的套话。

（4）应该基于幼儿的年龄特点和已有的生活经验，并能促进幼儿在原有水平上的提高。

（5）应参照活动所属类别的总目标。例如，小班故事活动的目标表述应参照小班文学活动的总目标。

（三）思考与练习

以大班学习故事《不开灯的晚上》为例，根据这个年龄段（5~6岁）幼儿文学作品学习的目标设计活动目标。

不开灯的晚上

落儿住在树林边的屋子里。每天晚上，屋子里的灯都亮晃晃的。

这一天，一群萤火虫在门外飞着。落儿打开门，请萤火虫进来。萤火虫怕屋子里的灯光，不肯进门。

落儿关上灯，萤火虫飞进不开灯的屋子，一闪一闪地飞着，像是一盏盏小灯。月光从窗口照进来，给屋里添上一点点亮。落儿第一次感到，不开灯会那么有意思。

萤火虫往门外飞去，落儿跟着萤火虫来到外面。没有明亮的灯光，树林里黑幽幽的。

月亮从云的后面露出来，把树叶、树枝的影子映到地上。小星星的眼睛一眨一眨地看着落儿。

萤火虫往草丛里飞去，落儿听见草丛里的蟋蟀"蛐蛐蛐蛐"地唱着歌，小松鼠在树上"悉悉索索"地窜来窜出。

没有灯光的晚上，落儿看到了从来没有看到过的东西，听到了从来没有听到过的声音。

（资料来源：http://www.gushi365.com）

第二节 学前儿童语言教育内容

幼儿园语言教育内容是实现语言教育目标的手段，是幼儿教师设计和实施语言教育活动的主要依据。它既要贯彻社会对儿童发展的要求，也要反映语言理论研究的最新成果，更要符合儿童获得语言和语言发展的规律。

幼儿园语言教育的内容可以分为两大部分：一是教给儿童本民族的语言符号系统，在我国主要是指现代汉语的语音、词汇、语法和表达方式等；二是教儿童学习运用语言，其中既包括语言知识的传授，如语言的功能、言语交际规则等，也包括语言运用能力的实践训练。另外，由艺术语言构成的文学作品也是幼儿园语言教育的一项重要内容。

一、确定学前儿童语言教育内容的依据

1. 幼儿园语言教育目标

（1）幼儿园语言教育目标是培养儿童的语言能力，也就是儿童对语言的理解能力和表达能力。

（2）学前儿童语言教育目标分为倾听、表述、欣赏文学作品和早期阅读四大部分，每个部分都包含认知、情感与态度、能力与技能三个方面。

（3）根据语言教育目标确定教育内容，是将教育目标中的各部分、各方面要求转换为儿童学习语言的内容，使儿童通过多种多样的学习获得语言经验。这些内容有些是专门为学习语言而设计的，有些则是渗透在其他活动之中的。语言教育目标和语言教育内容并不是完全对应的。

2. 学前儿童语言发展的特点

（1）在非语言交际向口语交际转换过程中，儿童需要学习听说轮换、及时反馈；对词语的理解和应用；构词成句、表达意思。

（2）在运用口语向书面语言学习转换的过程中，儿童需要学习口头语言和书面语言之间的关系与识字两方面的内容。也就是说，儿童要理解说出的话与写出的字之间的关系，对不同字形的辨认以及对字形结构的分析。

3. 不同活动领域的特点

学前儿童是通过多种多样的活动进行学习而得到发展的。不同领域活动各有其不同的特点，其中的语言学习内容也各不相同。儿童获得的语言经验有相同之处，但也各具特性。在科学、数学、音乐、美术等领域活动中，都需要教师用语言指导儿童进行观察，儿童要听懂教师的指导语言，有序观察；同时儿童要会用语言表达观察的情况和结果。但由于观察的对象不同，表达的方式也就有一定的差别，儿童所获得的语言经验也有所不同。

二、学前儿童语言教育内容的结构与具体内容

学前儿童语言教育内容的结构包括专门的语言教育内容和渗透的语言教育内容。

1. 专门的语言教育内容

这类结构主要是为儿童提供机会，对他们在日常语言交际中获得的语言素材进行提炼和深化，达到对语言规则的理解和有意识运用。它主要包括学说普通话、谈话、讲述、听说游戏和早期阅读等方面，这也是目前我国幼儿园语言教育中经常采用的、最基本的内容。

（1）学说普通话、推广普通话。让普通话成为中华大地的通用语是我国的一项语言政策。普通话是以北京语言为标准语，以北方方言为基础，以现代典范的白话文著作为语法规范。上文已经提到学前期是儿童语音发展的关键期。

（2）谈话。谈话活动创设的是日常口语交往情景，要求学前儿童调动自己的已有经验，围绕一定的话题倾听他人的意见，表达自己的想法。谈话活动的重点在于培养学前儿童运用口头语言与他人交际的意识、情感和能力。以问答或对话形式进行的言语交往包括个别交谈和集体交谈两种。儿童运用语言与人交往是从交谈开始的。而谈话活动在培养儿童语言交际意识、情感、能力方面有特别重要的意义。

①个别交谈：主动发起与别人进行交谈，尽量清楚、完整地表述自己的意思。集中注意力倾听别人的说话，针对别人的话提出询问或做出积极的应答。懂得交谈中要听说轮换，耐心且有礼貌地把谈话延续下去。

②集体交谈：在自由活动或游戏活动中，能积极参与两个人以上的交谈，并根据需要发表自己的意见。在集体活动中，能注意倾听并理解教师的提问，同时做出相应的回答。

（3）讲述。讲述活动主要为学前儿童创设正式的口语表达情境，使学前儿童有机会在集体面前表达自己对某一图片、实物或情景的认知、看法等，学习表述的方法和技能。这类活动培养学前儿童认真倾听的习惯，以及完整、连贯、清楚的表述能力，促进其独白语言的发展。

①实物讲述和图片讲述。
②拼图讲述和情景讲述。
③经验讲述。

（4）听说游戏。为学前儿童提供一种游戏情景，使学前儿童在游戏中按一定规则练习口头语言，培养学前儿童在口语交往活动中快速、机智、灵活的倾听和表达能力。

（5）早期阅读。早期阅读活动利用图书、绘画，为学前儿童创设书面语言环境，使学前儿童有机会接触书面语言，了解语言的基本文化内涵。早期阅读活动重点培养学前儿童对书面语言的兴趣，引导他们逐渐产生对汉字的敏感性，丰富他们前阅读和前书写的经验。

①翻阅图书的基本技能；注意看着画面听成人讲解，并回答提问。
②认识周围环境中的一些图文标志。
③运用绘画或剪贴等手段制作图书，并能自编文字说明。
④了解汉字的书写风格和基本笔画，能认识简单的独体字。
⑤会认读并书写自己的名字。

（6）文学作品学习活动。文学活动从某一具体文学作品入手，为学前儿童提供一个全面语言学习的机会，使他们在理解感受作品的过程中，欣赏和学习运用文学作品提供的有质量的语言。文学活动着重培养学前儿童欣赏文学作品的能力，以及利用文学语言表达想象、表达生活经验的能力。儿童文学作品包括童话、幼儿生活故事和自然故事、儿童诗歌、散文、谜语、绕口令等。优秀的儿童文学作品具有丰富的语言和生动有趣的情节，作品中人物个性鲜明，主题富有哲理，深受儿童喜爱。

①聆听与感受文学作品。要求儿童集中注意力去倾听成人朗读或有感情地讲述文学作品，感受文学作品的语言、情节、动作、人物对话等，感受作品的思想感情脉络和特殊的表现手法。

②朗诵与表演文学作品。可以要求儿童跟随成人朗诵文学作品，并扮演角色，运用道具、场景等材料，借助动作、表情、对话表演文学作品的内容，以便进一步理解文学作品。

③文学作品仿编创编。可以要求儿童仿编儿歌、儿童诗、散文、谜语等内容，并根据所创设的条件和提供的材料创编文学作品。这几类活动分别为学前儿童创设不同性质的语言交际环境，使学前儿童在这些环境中得到全面发展语言的机会，但不同性质的活动对学前儿童的语言学习各有其特殊价值。

2. 渗透的语言教育内容

（1）日常生活。
①在集体活动和个别交往的场合中，能认真倾听家长和教师关于遵守行为规则的要求，以此指导和约束自己与他人的行为。
②在掌握行为规则的基础上，学习用语言评价自己和同伴的行为。
③理解并执行教师的指令。
④在他人面前大胆讲述自己的见闻。

（2）人际交往。

①正确使用礼貌用语。

②用语言向他人提出请求和表达愿望。

③用适当的词、句或语气、语调与同伴展开讨论或辩论，协商与调解同伴之间的纠纷等。

（3）游戏活动。

①游戏时与同伴进行随意交谈，结合游戏情节自言自语或进行恰当的人物对话。

②同伴之间会用语言协商、讨论与合作，共同开展游戏。

③用连贯性语言评价游戏的规则执行情况与游戏开展情况，对游戏进行适当小结。

（4）学习活动。

①在认识活动中，能积极主动地提出问题和解答问题。

②能完整连贯地讲述所观察到的事物或现象。

③在集体中，能较长时间地倾听教师对各种学习内容的讲解和指导，理解学习的内容。

④能用几种不同的符号表述对认知内容和认知过程的感受与认识。

【本章思考练习】

1. 幼儿园语言教育目标可分为哪几个层次？各有何含义？
2. 试述确立幼儿园语言教育目标的依据。
3. 简要说明幼儿园语言教育内容的结构和主要内容。
4. 比较幼儿园语言教育年龄阶段的目标。

第四章

学前儿童语言教育的方法与途径

第一节 学前儿童语言教育的方法

学前儿童语言教育的方法，从本质上来说是成人为发展学前儿童的语言创设条件和提供机会，让儿童参与各种丰富多彩的活动，在与人、物、环境、材料等交互作用过程中，学习语言，发展语言。学前儿童语言教育方法是根据儿童语言发展理论、儿童学习语言的规律、儿童语言教育的目标，以及多年来儿童语言教育实践经验归纳出来的。一般的方法主要有以下几种：示范模仿法，视、听、讲、做相结合法，游戏法，表演法，练习法。

一、示范模仿法

示范模仿法是指教师通过自身的规范化语言，为儿童提供语言学习的样板，让儿童始终在良好的语言环境中自然地模仿学习，有时也可以由语言发展较好的儿童进行示范。这一方法的具体运用如下。

（1）教师的示范语言一定要规范到位。幼儿教师说话时，除了咬字清楚、发音准确、辅以自然的表情和恰当的手势外，还要注意语言的表达，包括运用适当的音量、语调、速度等。教师的言语示范必须做到正确、清楚、响亮，并且要富于表现力和感染力。

（2）教师要把握好示范的时机和力度。语言教育中一些新的、儿童不易掌握的学习内容，教师要反复重点示范，如难以发准的音（浙江人学习翘舌音、安徽人学习 [n] 和 [l]）、新词句的学习、人物的对话、连贯的讲述，以及需要儿童作为仿编参照的原词句等，让儿童有意识地进行模仿学习。

（3）教师要恰当地运用"显性示范"和"隐性示范"的手段。语言教育中教师要恰当地处理好"显性示范"和"隐性示范"两种手段的运用。对教学重点和难点，依据儿童语言发展的水平和特点必须恰当地选用不同的示范方法。

（4）教师要积极观察儿童的语言表现，妥善地运用强化原则。教师要关注在各种活动中儿童的语言表现，善于发现学前儿童语言发展的差异，因材施教，要随时鼓励儿童正确的语言行为和习惯，并加以强化。同时，要及时地指出错误，尽量避免重复儿童不正确的语言，以防产生误导。但也要避免过于挑剔儿童语言中的错误，导致降低儿童学习的积极性。

二、视、听、讲、做相结合法

这种方法是依据"直观法"和"观察法"，以及结合儿童语言学习的特殊性而提出的。所谓"视"，是指教师提供具体形象的讲述对象；所谓"听"，是指教师用语言描述、启发、引导、暗示、示范等，让儿童充分感知与领会；所谓"讲"，是指儿童在感知理解的基础上，充分表述个人的认识；所谓"做"是指教师给儿童提供一定的想象空间，通过儿童的参与或独立地操作活动，帮助儿童充分构思，从而组织更加丰富、连贯、完整、富有创造性的语言进行表述。

这一方法的具体运用如下。

（1）教师所提供的语言教育辅助材料应该是儿童接触过的、比较熟悉的或符合儿童认识特点的。

（2）教会儿童观察被讲述对象的方法，给儿童留存一定的观察时间和空间。

（3）教师的提问要有顺序性、启发性，帮助儿童构思与表述。

（4）根据儿童的语言实际水平，提出不同的表述要求，要求儿童在动手、动脑、动口的学习中获得语言经验。

三、游戏法

游戏法是指教师运用有规则的游戏，训练儿童正确发音，丰富儿童词汇和学习句式的一种方法。游戏是最符合学前儿童年龄特点的活动，运用游戏法进行教育是儿童语言教育中常见的活动方式之一。其目的在于提高儿童学习兴趣，集中儿童的注意力，促进儿童各种感官和大脑的积极活动。

这一方法的具体运用如下。

（1）根据儿童语言教育目标和内容选择与编制游戏，要求目标明确，规则具体，便于儿童理解，达到训练语言能力的目的。

（2）在运用游戏法的同时，可配合使用教具或学具。

四、表演法

表演法是指在教师的指导下，学前儿童学习表演文学作品，以提高口语表现力的一种方法。这一方法在具体运用时教师必须在儿童理解诗歌、散文、绕口令等作品内容，并能熟练朗读的基础上，鼓励儿童在故事表演中创新内容和增加情节与对话，大胆发展故事情节，恰当地进行动作设计和任务的心理刻画，并努力为全体儿童提供参与表演的机会。

五、练习法

练习法是指有意识地让儿童多次使用同一个言语因素（如语音、词汇、句子等），或训练儿童某方面言语技能技巧经常采用的一种方法。在学前儿童语言教育中，口头练习是大量的。

这一方法的具体运用如下。

（1）明确练习的要求，逐步提高练习的要求。

（2）要求儿童在理解内容的基础上，具有独创性地进行练习，避免简单、枯燥的重复活动。

（3）练习方式应生动活泼，形式变换多样，从而调动儿童练习的积极性。

上文列举的几种方法是幼儿园语言教育中比较常见的，教师在实际运用的过程中，还需要结合本班儿童语言发展和语言学习的特点，选择和创造更加恰当的教育方法。有时各种语言教育方法可以互相配合、交叉使用或互相补充、综合运用，以便更好地促进儿童语言的发展。

第二节　学前儿童语言教育的途径

学前儿童语言教育可以通过多种途径进行。可以说，凡是有语言参与的活动都可以对儿童进行语言教育。概括起来，学前儿童语言教育的途径主要有以下几种：通过日常生活进行语言教育，通过游戏进行语言教育，通过专门的语言教育活动进行语言教育，在其他领域的教育活动中进行随机的语言渗透教育，等等。

一、日常生活和游戏中的语言交往

（一）在日常交往中指导儿童学习语言

（1）成人可以通过日常交往了解儿童语言发展的现状。在非常自然的情境中，儿童往往很真实地表现自己的言语实际水平，以及言语表达的态度和行为习惯。

（2）成人可以在交往中为孩子提供语言示范，丰富儿童的词汇。成人可以与儿童交谈，向他们介绍各种物品的知识，如名称、外形、颜色、用途和使用方法等。在介绍这些生活常识的过程中，成人也在向儿童展示相关的词汇和句式。

（3）成人可以在帮助儿童建立生活常规的过程中，提高儿童理解语言并按语言指令行动的能力。通常成人通过语言指令组织儿童的日常生活，如临近用餐时间，教师便要求儿童收拾玩具、盥洗、安静地等待进餐。为了使儿童明确这些语言指令的含义,最初应把这些指令与相应的行动结合起来。

(4) 成人要抓住与儿童日常交往的有利时机,为儿童提供良好的言语示范,并在交往过程中观察和了解儿童的语言发展状况,给儿童以针对性的指导。

(二) 通过常规主题活动发展儿童的语言

这里所说的常规主题活动主要是指托儿所和幼儿园组织儿童定期参加的,围绕某个话题展开的语言活动。目前,各托幼机构经常进行的语言常规主题活动主要有以下几种形式。

1. 天气预报员

每天早晨来园之后到早操之前这段时间,请一名儿童向全班儿童预报当日的天气情况。天气预报员可以由值日生轮流担任,也可以由教师指定。为了提高儿童对此活动的兴趣,以及丰富儿童的语言内容,教师还可以启发儿童根据当日气温和特殊的天气状况,结合自己的生活经验进行讲述。

2. 周末趣闻

这项内容通常安排在星期一,让儿童从周末的经历中选出最有趣或最有意义的事进行讲述,可以在集体中讲述,也可以让儿童与老师或同伴自由交谈。由于是儿童的直接经验,印象比较深刻,因此儿童非常感兴趣,并且参加的积极性较高。

3. 小小广播站

由于该项活动综合性比较强,对儿童口语表达能力要求比较高,因此多在幼儿园大班开展。但广播站的某些节目也可以在中班或小班组织收听。其内容主要包括以下几点:报告午餐菜谱;表演文娱节目;介绍新闻或涌现的好人好事;新书或玩具介绍;知识问答;文学作品欣赏;等等。

(三) 通过区域活动发展儿童的交往语言

1. 利用"图书角"和"语言角"进行语言教育

托儿所和幼儿园如果条件允许,可以为学前儿童设立一个"小小图书馆",随时向儿童开放。儿童可以根据现阶段的兴趣以及各领域学习的需要看书或借书,这样可以从小培养儿童对书籍的兴趣,并培养儿童利用图书资料查询收集信息的能力。我国幼儿园比较常见的做法是在托儿所和幼儿园各班开设"图书角"。

"语言角"的主要作用是让儿童练习口语表达。可以在"语言角"准备一些图片或剪贴用具、旧的儿童画报,以便儿童练习讲述,或边制作边讲述。有些班级在"语言角"投放一些识字图片或填图游戏卡,还准备一些书写工具,以便有兴趣的儿童认读汉字或练习拿笔写字等。

2. 在活动区活动时随机指导儿童的语言交往

活动区的设立为儿童自主选择游戏内容提供了多种可能性,也增加了儿童之间的交往机会。另外，儿童在活动区活动时，常常一边摆弄各种玩具物品，一边与同伴自由交谈。教师要鼓励儿童同伴之间的谈话，并利用巡回指导的机会引导儿童扩展谈话内容。

二、其他领域教育活动中的随机语言教育

幼儿园除了语言教育活动外，还有许多其他领域的教育活动，如数学、科学、音乐、美术、社会、健康等。这些教育活动虽然不是以语言为主要内容，但其中部分活动包含大量的语言教育因素，儿童在这些教育活动中也在不断地学习新词和新句，尝试用语言与同伴或周围成人交往。因此，教师可以在这些教育活动中对儿童进行适当的语言教育。

（一）其他领域教育活动与语言教育的关系

为了更好地利用其他领域教育活动对儿童实施语言教育，有必要先弄清这些教育活动中包含哪些语言教育因素。

1. **各种教育活动可以为儿童提供语言活动的素材**

儿童在其他领域的教育活动中（如数学、美工制作、科学探索等）所获得的经验，丰富了儿童谈话和讲述的内容。如果没有多种活动的经验，儿童的语言就可能内容枯竭。正是由于儿童在各种教育活动中接触大量的物体，观察过多种现象，从事过多种操作活动，探索了事物间的关系与联系，因此他们才有可能在语言活动中理解和运用不同类型的词语与表述方法，充分阐明自己对事物的认识。

2. **其他领域教育活动可以为儿童言语表达和言语交际提供条件**

很多教育活动都是由教师提出言语指令或要求，而由儿童跟随指令或要求做出行动（如体育活动）。因此，从活动开始到结束，儿童都是在倾听教师的指令，执行指令。在此过程中，儿童集中注意力倾听和听指令行动的能力得到充分锻炼与提高，在一定程度上也体现了学前儿童语言教育目标的要求。另外，各种教育活动在教育组织形式上往往采用集体活动、小组活动和个别活动交替进行的方式。

这些不同的教育组织形式及其对应的言语交流形式，为儿童提供了很好的机会，不但可以练习儿童的言语技能，而且可以使他们体验到不同交往情境与交往行为的关系。例如，面向集体讲话时声音要响亮，在个别交谈时声音则要适度；在小组活动中既要表达自己的愿望，也要倾听同伴的话，听说有机轮换。这些经验是语言教育最终期望儿童达到的水平之一。由此可知，其他领域的教育活动在其实施的过程中，为儿童提供多种语言运用的机会，可以使儿童的语言能力得到相应的发展。

3. **其他领域教育活动中的各种符号学习可以帮助儿童理解语言的符号特性**

儿童的语言学习就是要学习语言符号系统，并在语言符号与其代表的事物之间建立联系。在生活中除了语言符号外，还有许多其他符号，如数字符号、音乐符号等。这些非语言符号和语言符号是可以相互转换的，如某个音乐作品的音符所流露出来的情感可以用语言说明。

（二）其他领域的教育活动中语言教育的随机渗透

1. 在数学教育活动中随机渗透语言教育

数学教育活动和语言教育活动不同，它没有许多优美动听的语句和丰富的词汇，但需要儿童有快速的反应能力、敏捷的思维能力和精确的语言表达能力。

2. 在科学教育活动中随机渗透语言教育

科学教育活动中的语言信息交流主要包括描述和讨论两种方式。儿童在描述和讨论中既可以提出自己观点与想法，也可以交流自己的探索、操作过程和操作方法，以及从中获得的情绪体验。

3. 在音乐教育活动中随机渗透语言教育

生活中处处有音乐，语言和音乐有非常密切的关系。凭借儿童对音乐的特别情感和特殊领悟力，可逐渐在中大班的音乐教育活动中渗透听音乐学语言的内容。

4. 在美术教育活动中随机渗透语言教育

儿童的世界充满美的色彩，在他们画完作品后，让他们对自己的作品进行讲述，也可以在绘画活动中加入儿童喜闻乐见的儿歌形式，以提高儿童学习的兴趣。

5. 在健康（体育）教育活动中随机渗透语言教育

在体育活动中应先让儿童观看老师的示范动作，让儿童讲述并讨论教师的动作要领和注意事项；然后请一名儿童模仿老师的动作进行活动，再请这名儿童阐述他是如何做好这一动作的。这样可以使儿童通过自身体验讲出各种活动的特色，发展儿童的语言能力。

（三）其他领域教育活动中进行语言教育必须注意的问题

1. 通过计划—操作—回忆的活动程序为儿童提供交流的机会

教育活动是儿童主动活动的过程，教育活动的主体是儿童，教师要在教育活动中帮助或引导儿童自己计划活动进程，在儿童自主活动过程中，教师要为儿童提供充分的语言交流机会，鼓励他们将自己独特的感受表达出来。这样可以使儿童在认识事物的过程中，既可以互相交流认识经验，也可以练习语言表达。

2. 要避免语言教育的"喧宾夺主"，影响其他领域教育目标的实现

其他领域教育活动的存在都有其独特的价值，在促进儿童身心和谐发展方面有其不可替代的作用。人们不能因强调语言教育而忽视其他领域的教育，在其他领域的教育活动中，有时语言教育并不占据主要地位，不能为促进语言教育而使其他领域的教育活动"本末倒置"，这是幼儿园教育活动中需要注意的问题。

3. 鼓励儿童同伴之间的合作与交流

教师要充分利用各种教育活动中同伴之间互相合作和交往的机会。当儿童在生活中遇到困难和问题时，教师要启发儿童动脑筋，与同伴商量，找到解决问题的方法。这样既可以促进同伴之间的协商与合作，也有助于发展儿童与同伴之间的语言交往能力。

4. 为儿童提供规范的言语示范，鼓励儿童积极表达

教师除了要为儿童提供规范的语言让儿童模仿和学习外，还要努力为儿童创设一种宽松自由、轻松愉快的心理环境和语言环境，使儿童有机会自由表达心声。教师真诚而坦白地表达，师生之间平等地交谈，可以有效激发与增强儿童运用语言表达思想感情的动机和兴趣。

【**研究性学习**】观看一次幼儿园语言教学活动，列举活动中主要采用的语言教育方法和优缺点。

【**本章思考练习**】

1. 如何理解日常生活中的语言教育？
2. 语言教育的一般方法有哪些？
3. 学前儿童语言教育途径主要有哪些？
4. 语言教育如何渗透于其他领域的活动？

第五章

学前儿童语言教育评价

第一节　学前儿童语言教育评价的作用和原则

【评价】主体对客体有无价值以及价值大小所做的判断。

教育评价即对教育活动做价值判断，教育评价具有诊断、改进、激励、导向功能。

一、学前儿童语言教育评价的内涵与功能

1. 学前儿童语言教育评价的内涵

学前儿童语言教育评价是收集语言教育活动的设计、组织和实施过程中各方面的信息，依据一定的客观标准对教育活动及其效果对其做出客观的衡量和科学的判定过程。

学前儿童语言教育评价是对学前儿童语言教育整个活动过程的整体、全方位的价值判断。既包括对儿童语言发展的评价，也包括对教师设计组织语言教育过程、内容、方法、效果的判断。

学前儿童语言教育评价有助于实现语言教育活动的目标，提高语言教育活动质量，协调语言教育与其他领域教育的关系，以及更好地实现全面发展教育。

2. 学前儿童语言教育评价的功能

（1）教育诊断：评价的价值取向是通过对收集到的资料信息进行整理分析，发现教育活动中教师和儿童双方表现的问题与优缺点，从而判断评价对象的基本状况。

（2）改进功能：在诊断基础上对下一步工作提出有针对性的教育策略和建议。

（3）激励功能：评价本身不是目的，而是为了激励对象更好地调整自己、追求进步，

评价必然直接或间接地对评价对象心理施加影响，激发其成就动机，追求优越。

（4）导向功能：评价是一个根据标准进行价值判断的过程，以标准为准绳，引导教育活动使之向评价标准逐渐靠拢的过程，是一个不断完善、追求更高质量的教育过程。

明确评价的功能，可以帮助人们依据《幼儿园教育指导纲要（试行）》《幼儿园工作计划指南》的要求，更加科学合理地设计语言教育评价体系和指标，正确展开评价工作，避免在教育过程中提出不符合儿童语言发展实际、不利于可持续发展的过低或过高要求。

二、学前儿童语言教育评价的原则

1. 正确的价值观

学前儿童语言教育评价既然本质上是对语言教育过程和结果的价值判断，其价值取向当然要符合世界主流学前教育理念，反映先进、科学、合理的儿童观和教育观。否则将会误导教师的语言教育实践，从而妨碍儿童语言甚至妨碍其身心的正常、全面、和谐发展。

2. 客观公正性原则

客观性原则是一切科学研究者必须遵守的基本原则，是科学素养的基本要素，学前语言教育评价当然也不能例外。要求评价者在评价中采取客观的实事求是的态度，科学地确定评价标准，无论对教师还是幼儿都一视同仁、客观对待，客观解读评价对象的表现，尽量减少情感、喜好、功利等个人因素和主观臆断的影响。

3. 全面性原则

学前教育的目标如下：贯彻国家的教育方针，按照保育与教育相结合的原则，遵循幼儿身心发展特点和规律，实施德、智、体、美等方面全面发展的教育，促进幼儿身心和谐发展。儿童的发展是全面且完整的发展，学前语言教育观也是完整的语言教育观，学前儿童语言教育的目标、内容、过程、方法手段、途径都是全面的，因此学前儿童语言教育评价要在全面性的框架下进行。评价的项目要全面，收集的信息要全面，评价指标体系要全面，不能偏听偏信。唯其如此，才能保证评价标准的全面性和评价过程中收集信息的全面性，从而使评价工作更加科学、客观、准确。

4. 可行性原则

学前儿童语言教育评价是对学前语言教育现象进行的实际测量和评定，并根据测评结果做出价值判断，因此它必须具有很强的可操作性和实践性。

（1）评价指标体系要简便易测，在全面、科学的基础上保证评价指标体系的切实可行，要符合学前教育领域各级各类人员的科研能力，尤其一线学前教师开展园本教研的驾驭能力。

（2）评价指标要有一致性和普遍性。《幼儿园教育指导纲要（试行）》《3~6岁儿童学习与发展指南》等学前教育纲领性指导文件规定了我国学前教育全面发展的总目标，规定了学前儿童各个年龄阶段语言发展总的目标和各年龄阶段分目标，这是进行学前语言教育评价的依据和出发点，具有普遍性和一致性。任何语言教育评价都必须在这个意义上达成一致，以保证有一个客观的尺度区分评价对象的优劣和价值的高低。

5. 发展性原则

学前儿童语言教育评价的目的不仅仅是鉴定学前机构语言教育的水平，更以促进语言教育质量的不断提高和学前儿童语言发展为最终目的。依据目标，重视评价过程，充分发挥评价的反馈调节功能，及时发现成绩和不足，并对存在的问题做出适时适当的调整与改进；评价和指导相结合，从评价到反馈指导、调节改进循环往复，才能不断改进学前儿童语言教育活动质量，实现师幼双方共同发展。

第二节 学前儿童语言教育评价的主要种类与步骤

一、学前儿童语言教育评价的主要种类

从不同角度，根据不同的特征，学前儿童语言教育活动评价可以分为以下几种类型。

（1）根据评价的主体分为自我评价、他人评价、内部与外部相结合的评价。

（2）根据评价对象的范围分为整体评价和局部评价。

（3）根据评价方案目标的预定性分为正式评价和非正式评价。

（4）根据评价的运行时间分为诊断性评价、形成性评价、终结性评价。

①诊断性评价：目的在于了解评价对象的基础情况，有效发现问题，为制订语言教育教学活动计划、设计活动方案或解决某些语言教育中的实际问题做准备（如摸底预测）。

②形成性评价：在教育过程中持续进行，目的在于了解语言教育动态过程的成效，以便及时做出反馈性调节，获取改进工作的依据，提高教育活动的质量。

③终结性评价：完成某个阶段教育活动后进行，目的在于全面了解该活动的结果，对达成目标的程度做出总结性评鉴。注重教育活动的结果，主要是事后评价，为各级各类决策者提供信息。

（5）根据评价参照体系分为常模参照评价、标准参照评价、个体内差异评价。

①常模参照评价：用个体测量结果与同一团体的平均分数（常模）进行比较，确定个体成绩在团体中的相对位置。因测评的是个体的相对水平，故而又称相对评价。

②标准参照评价：又称绝对评价，以某种能体现教育教学目标的标准[如《3~6岁儿童学习与发展指南》《幼儿园教育指导纲要（试行）》]对学前儿童语言教育目标的规定为准绳，确定评价对象是否达到标准及其达到的程度。其主要运用于对基本知识及技能的测试，适用于诊断性评价和形成性评价过程。标准参照评价重视评价对象在既定标准方面的实际水平，而非比较评价对象之间的相对位置。

③个体内差异评价：从时间上纵向比较评价对象个体的现在和过去，或将同一对象的若干侧面进行比较。例如，对某一幼儿学期初和学期末词汇的积极运用、语用技能进行比较，评价其进步的程度。个体内差异评价经常与相对评价相结合。

（6）根据收集和分析资料的方式分为质的评价、量化评价、混合性评价。

二、学前儿童语言教育评价的步骤

学前儿童语言教育评价有四个步骤：确定评价目标—设计评价方案—实施评价—科学处理评价结果。

1. 确定评价目标

评价发起人首先要形成自己的评价概念框架，建立一个概念型模式，称之为理论模式，勾画出评价对象或现象的主要成分元素及其关系，明确所有进行的评价工作的真正含义，以及所要解答的问题、期望获得的信息。每一项评价都以特定的目的为出发点，务必厘清为何评价（why）、由谁评价（who）、评价什么（what）三个问题。

2. 设计评价方案

评价方案是评价工作的关键性指南，是整个评价工作的总体结构与工作计划，是将评价的理论模式细化为具体、可操作的评价工作的方案。

完整的方案包括三方面内容：一是对评价类型、性质、目的、对象、范围、评价体系明确说明；二是对评价工作的组织、人员构成、程序、方法、预算与时间安排进行说明；三是对评价结果运用方式进行说明。

3. 实施评价

（1）准备资料：主要是按照评价要求做好人员准备和物质准备。人员准备包括设置评价机构、组织评价人员、对人员进行理论和技术培训及思想动员工作；物质准备包括相关文件和工具的准备。

（2）收集资料：评价者组织有关人员利用涉及的方法和工具，通过谈话、观察、问卷、作品分析等活动，获取学前儿童语言教育活动的相关信息。

（3）整理分析资料：对收集到的资料进行检查核实，通过筛选、归类和建档等方式进行整理与加工处理。分析评价信息资料一般以各项评价指标及其参照标准为尺度，根据整理后评价对象的信息，对评价对象达到评价各类指标的程度进行评分或做出描述。

4. 科学处理评价结果

评价人员全面分析全部资料后，形成对评价对象的综合性判断意见，做出评价结论。学前儿童语言教育评价结果的处理如下：一是形成评价报告；二是评价结果的反馈。

第三节 学前儿童语言教育评价的内容和方法

一、学前儿童语言教育评价的内容

1. 对学前儿童的评价

以对引起儿童身上出现的变化或儿童在活动中的表现为着眼点，分为两种情况：一种是静态的评价,是从儿童学习效果角度对目标达成情况进行分析和评价;二是从儿童在活动中的表现对儿童参与活动成果进行分析评价,称为动态的评价。

(1)对目标达成的评价。评价语言教育活动目标的达成情况要有整体观念。第一层次,《幼儿园教育指导纲要(试行)》《3~6岁儿童学习与发展指南》提出的语言教育方向要求,全面规定了学前儿童在语言教育领域的发展;第二层次,是指学前儿童语言教育各种类型活动的核心经验,对儿童在语言某一个方面的发展进行规定;第三层次,目前儿童语言教育具体活动的目标,对儿童每一次具体活动之后应该产生的变化提出具体要求。三个层次的目标在整个语言教育目标系统中相互联系、相互渗透。

一般从以下三个方面分析目标达成情况。

①认知目标:了解儿童是否获得了目标所规定的语言知识、掌握了有关的词汇和句型、是否懂得什么样的语言环境下运用这些词汇和句型。

②情感目标:了解儿童是否形成了耐心倾听别人说话的态度、是否乐意在集体面前讲述自己经历的事情和图片内容,以及是否懂得遵守语言交往中的一般规则。

③能力目标:了解儿童组词成句的能力和具体语言环境下运用语言的能力、是否能够根据活动中的语言情景运用有关词汇、语法和语调,以及是否能用连贯语句表达清楚自己的意思。

上述三方面分析还对达成程度做出判断,分为完全达成、基本达成、未达成三层次。从目标是否全面完整和达成程度两个维度的分析,对儿童经过语言教育活动之后的变化有所了解。

(2)对儿童在活动中表现出的独立见解进行评价。用于考察儿童对活动目标要求的理解程度及自己独有的生活学习经验与该活动中语言学习任务之间相互作用情况等。另外,需要列出某一儿童与其他儿童不一样的具体语言行为表现。

(3)对儿童在活动中创造性运用语言的评价。

(4)对儿童参与活动程度的评价。动态地评价儿童参与活动的程度,可以了解活动设计组织情况和儿童语言发展情况,因此重视观察儿童在活动中的表现是评价的关键。儿童参与活动程度也分为三个层级,即主动参与—一般参与—未参与。

主动积极是儿童参与活动的最佳状态,儿童有强烈的学习动机、浓厚的学习兴趣;在活动中注意力集中,专心倾听教师的指导用语和同伴的发言,愿意在集体面前表示自己的观点或叙述一件事情;分组活动中情绪高涨、气氛活跃。若某一教育活动过程中儿童能积极主动参与,则说明该活动从目标的制定到内容的选择都是恰当的,也说明儿童的发展状况是良好的。

一般参与是儿童参与活动程度的中间状态。在这种状态下儿童虽然进行学习活动,但基本属于被动学习,需要教师不断提醒方能集中一定的注意力倾听教师话语和同伴发言;不积极主动举手发言但当教师点到名字时也能站起来回答问题,并且能够在集体面前表述自己的观点。在一般参与状态下,通过教师的精心组织,基本可以达到教育目标,也能完成教育任务。这种状态可能意味着目标的制定和活动内容的选择与儿童语言发展状况还缺乏高度的适应性，需要改进。

未参与是最差的情况，儿童对正在进行的活动毫无兴趣，不能集中注意力，说明教师事先在设计活动方案时，从目标的制定到活动内容的选择都是不恰当的，需要重新设计。

以上四方面的评价内容相互区别又相互联系，共同构成儿童语言教育活动中语言学习行为评价的主要内容。而这些内容是根据幼儿语言教育目标和语言发展目标建构而成的，它们反映了影响儿童在语言教育活动中学习语言效果各个方面的因素。

2. 对活动本身的评价

对活动本身的评价是对教师教学工作（即活动本身和教学效果）的评价，主要涉及教学目标、教育内容、教育方法、教育组织形式、教学环境材料、师幼互动等。

（1）教学目标的评价：主要分析目标的提出是否以《3~6岁儿童学习与发展指南》和各个活动类型的核心经验为依据；是否从本班幼儿的实际情况出发提出恰当的教育要求；在目标中是否包含认知、情感、能力三个维度；整个活动的设计组织是否围绕教育目标而进行。

（2）教育内容的评价：主要分析内容的选择与目标要求是否一致；活动内容是否符合科学性和教育性，内容的分量是否恰当，内容的组织是否分清了主次、重点是否突出、是否抓住了关键内容；内容的分布是否合理，各要点之间的衔接是否自然流畅；内容与儿童的发展状况是否适合。

（3）教育方法的评价：主要分析方法的运用是否刻板划一；方法的选择运用是否随活动目标、活动内容及儿童实际情况而变化；各种具体活动的方法与儿童学习方式的适合情况；是否采用有效的方法保障儿童积极参与活动。

（4）教育组织形式的评价：主要分析在活动展开过程中，是否适当运用、合理组合与变换了集体活动、分组活动和个别活动三种组织形式；是否考虑因材施教问题；分组时是否考虑儿童的人际关系和情感因素。

（5）教学环境材料的评价：分析教师是否为儿童提供了良好的有准备的环境，承担环境创设者的使命，是否创设和选择了适用于活动内容与儿童实际的环境材料；这些环境材料、学具是否适合儿童操作；教具和学具能否分层组合；是否最大限度地挖掘利用了环境、材料、学具、教具的教育功能。

（6）师幼互动的评价：主要分析是否正确发挥了教师的支持者、促进者作用；是否创造条件使儿童成为活动的主体；师幼之间是否心理相容、积极主动地交往；儿童的注意力、兴趣、情绪、意志、性格等非智力因素是否得到充分激发。

二、学前儿童语言教育评价的方法

幼儿语言发展评价的方法主要包括以下几种。

（1）观察评估法：日记描述法、实况详录法、等级评定法。

（2）作品分析法。

（3）谈话法。

（4）档案袋评价法（综合性）。

【本章思考练习】

1. 学前儿童语言教育评价的内涵和功能是什么?
2. 学前儿童语言教育活动评价的原则是什么?
3. 对儿童的评价主要从哪几方面入手?
4. 从哪些角度评价教育活动?

第二篇 实践篇

第六章

学前儿童文学作品活动

第一节 学前儿童文学作品活动概述

一、学前儿童文学作品的内涵和类别

学前儿童文学作品,是指那些与0~6岁儿童心理发展水平及接受能力和阅读能力相适应的各类文学作品的总称。

学前儿童文学作品的类别包括寓言、童话、儿童故事、儿歌、儿童诗、儿童诗歌、儿童散文、儿童小说、儿童科学文艺等多种体裁。

二、学前儿童文学活动的特点

学前儿童文学作品活动是以文学作品为基本教育内容和组织的语言教育活动类型。以优秀的儿童文学作品为语言教育内容,教师通过形式多样的语言教育活动,帮助幼儿感受和理解文学作品所展示的丰富而有趣的生活,体现语言艺术的美,使幼儿受到教育和感染,为其提供全面的语言学习机会。

1. 整合相关领域的学习内容,围绕文学作品展开系列活动

从文学作品教学入手,围绕作品展开教学活动是学前儿童文学作品的突出特点之一。儿童文学作品是语言艺术的结晶,每一篇具体的儿歌、故事都包含丰富的语言信息,从具体的文学作品展开活动,是一个包含理解美、欣赏美、表现美,以及表达自己对文学作品的理解和想象的多层次的系列活动。

在某一时间单元内,以某一文学作品为主题或中心,整合健康、语言、社会、科学、

艺术五大领域相关内容，整合不同的教学手段和方法，以及游戏、节日和娱乐活动、日常生活等环节有机渗透、融合，涉及一系列有层次的相关活动，构建主题网络，其实质就是单元教学或中心制课程、整体教学法在语言领域的很好实践。

【例6-1】在大班散文教学《秋天》中可以设计一系列活动。活动一：感知理解作品的主要内容和特色；活动二：以折纸、绘画、粘贴等形式表现秋天的美丽，并理解学习作品的文学语言；活动三：改变或仿编散文《秋天》，加深幼儿对作品的理解和感受。

【例6-2】围绕故事《是谁嗯嗯在我的头上》进行设计。故事通过一只倒霉的小鼹鼠，寻找到底是哪个坏蛋嗯嗯在它头上的过程，轻松愉快地让人们了解：原来每一种动物的排泄物形状都不同，什么样的动物就"大"什么样的"便"，也可以从书中得到更深一层的认识。而最后小鼹鼠到底能不能找到那个嗯嗯在它头上的坏蛋呢？专吃大便的苍蝇则是破案的关键。

幼儿教师可以设计一系列相关的语言教育活动，如看图讲述、绘本阅读、表演该故事等，建构主题网络。

语言领域框架内的主题网络建构如图6-1所示，打破领域界限的综合主题网络建构如图6-2所示。

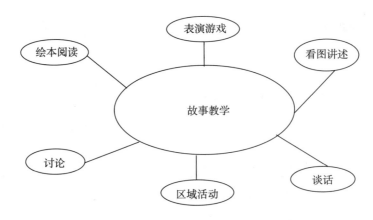

图6-1　语言领域框架内的主题网络建构

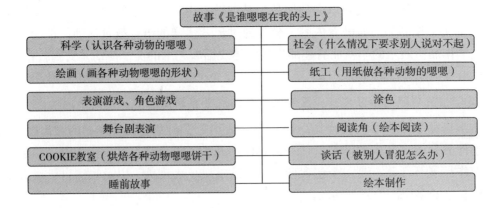

图6-2　打破领域界限的综合主题网络建构

通过这一系列活动，幼儿可以真正感受到作品所描绘的美丽意境，理解作品中文学语言的特色，这样层层深入的设计，可以真正体现文学作品的教育功能，达到文学作品的教育目的。

2. 提供与丰富多彩的文学作品相互作用的途径

让幼儿全方位多途径感受、理解文学作品，尤其要调动幼儿多种感官通道，如视、听、触摸、闻嗅、讲述、扮演、谈话、散步等，积极、多渠道地与文学作品相互作用，获得多种操作语言和非语言信息的机会，可以使幼儿更有兴趣、更积极主动地投入学习过程中，更好地达成教育目标，为幼儿提供更多的发展机会。

3. 扩大儿童自主活动的范围

好的文学作品活动应该结构性较低，儿童自由发挥和自主探索的活动范围较大，在教师引导下能够比较自由地进行倾听欣赏、展开讨论、操作表演、绘本阅读等，在亲自操作时间、探索和想象创作中达到对文学作品与文学语言的准确深刻理解及感受，同时扩大儿童与有关文学作品的自主活动范围。

三、学前儿童文学作品活动的语言教育目标

（一）0~3 岁婴幼儿文学作品活动的目标和展开

1. 0~1.5 岁婴幼儿文学作品活动的目标

（1）能安静地听成人念儿歌、讲简短的故事或念最浅显的儿歌，喜欢歌曲等好听的声音。

（2）对图书表现出极大的关注，喜欢听成人讲述图书上的故事或儿歌等。

（3）对动画片表示出极大的关注。

2. 1.5~3 岁婴幼儿文学作品的目标

（1）喜欢听故事，欣赏儿歌，看动画片，能简单复述故事或儿歌的部分或者一句话。

（2）能大方朗读儿歌，学唱儿歌。

（3）能主动自觉地翻阅图书，对故事或儿歌朗诵、动画片等文学作品表现出极大的兴趣。

（4）能用情景表演或角色游戏表演部分故事内容。

3. 0~3 岁婴幼儿文学作品活动的展开

婴幼儿文学作品活动的开展具有随机性、日常性、反复性等特点，可以按照以下形式展开。

（1）多开展"平行"的亲子阅读。

（2）初步养成倾听文学作品的良好习惯。

（3）利用各种途径让婴幼儿感受文学作品，多观看儿童美术片或动画片。

（4）让婴幼儿多重复感受文学作品，通过多种途径帮助婴幼儿理解作品内容（复述）。

（三）学前儿童文学作品活动的目标

1. 文学作品的认知目标

（1）丰富作品相关的社会知识。

（2）知道文学作品有童话、诗歌、散文等体裁，了解语言的丰富性和多样性。

（3）理解文学作品内容，学会标准发音，扩展词汇，了解各种语言句式的表达。

2. 文学作品的情感态度目标

（1）对书面语言有浓厚的兴趣，喜欢文学作品，积极参加文学活动，乐意欣赏文学作品。

（2）体验文学作品中人物的真善美，感受文学作品的情感脉络和语言美，发展幼儿的艺术想象力和审美能力。

3. 文学作品的技能目标

（1）学会倾听，提高语言的理解能力。

（2）能够说好普通话。

（3）感知文学作品语言和结构的艺术表现特点，能创造性地运用语言尝试艺术性结构语言的能力。

四、学前儿童文学作品活动的一般流程

学前儿童文学作品活动分为初步学习文学作品、理解作品经验、迁移作品经验、创造性想象和语言表述四个层次。需要注意的是，四个层次是必须在一个活动中完成，还是要根据作品和幼儿情况灵活取舍，这是教师在实际教学中必须审慎考虑的。

1. 初步学习文学作品

根据作品的难易程度，采用比较直观形象的幻灯片、动画，或使用挂图，或配以桌面教具，辅助作品的教学；比较浅显易懂的作品，可以直接给幼儿朗读作品即可。

（1）不要过多地讲述作品（两遍为宜），以免幼儿失去兴趣。

（2）不强调让幼儿机械记忆背诵文学作品内容，减轻幼儿短时记忆负担，以便他们将注意力更多地投向学习过程的理解和思考。

（3）用三层次提问的方式帮助儿童理解作品的情节、人物性格和主题倾向、文学语言方面。第一层次：描述性问题，帮助儿童掌握作品的名称、人物、情节、对话、主题等，使儿童对文学作品有大致的了解；第二层次：思考性问题，稍微有点绕，不同于描述性问题可以在故事中直接找到答案，需要经过思考才能解决问题，如故事里有几个小动物、你怎样理解等问题，幼儿需数一数算一算想一想才能知道答案；第三层次：假设性或想象性问题，如假如你是故事里的×××，你会如何做？问题没有确定的答案，需要幼儿联系自身或回忆已有的生活经验，进行创造性的想象。这些问题有助于学前儿童加深对文学作品的理解和掌握。

作品欣赏的策略主要包括以下几点。

（1）完整欣赏与中断欣赏。

（2）借助媒介、声势与纯语言直接呈现。
（3）多通道感知与听觉感知。
教师应根据作品及幼儿和自身的实际情况灵活选用不同的方式。

2. 理解作品经验

在学习文学作品的基础上，教师还有必要进一步组织与作品内容认识有关的活动，帮助幼儿深入理解体验作品内涵，尤其是让幼儿切身地感受经历作品中所展示的情感心理和精神世界。

在理解和体验作品这一层次上，教师可以设计和组织1~2个活动：可以采用观察走访的活动方式，使幼儿接近了解与作品内容相关的自然或生活情景；可以选取绘画、表演的方式，引导幼儿反映表现文学作品内容；可以组织一次专门讨论，以帮助幼儿对文学作品进行理解与体验。

关于作品理解主要包括以下几方面。
（1）欣赏前理解与欣赏后理解。
（2）分段理解与整体理解。
（3）借助教具、学具和情境创设。
（4）采用提问、讨论、表演、游戏、动作等多种方式，注重多通道相互作用。

教师应根据作品及幼儿和自身的实际情况灵活选用不同的方式。

采用开放性的提问方式：针对儿童记忆系统的提问、针对细节的提问、针对情感识别与匹配的提问、针对作品的主题或情节的提问、针对作品中文学语言的提问、针对作品整体结构形式的提问、针对生活原型与作品形象进行提问。

3. 迁移作品经验

帮助幼儿将作品的间接经验与幼儿的直接经验联系起来。迁移作品经验的活动往往是围绕作品重点内容开展的可操作的或具有游戏性质的活动。例如，在《会唱歌的生日蛋糕》活动中，教师让幼儿做生日礼物，再为本班小朋友开庆祝生日会。

关于作品表现：允许幼儿有不同的表现方式，如语言、动作、表情、绘画、表演等，作品不同，幼儿的情况不同，表现的方式也会不一样（表演：①熟悉、理解作品内容，分析角色特征；②利用道具激发表现欲望视听；③角色分配根据幼儿发展状况而定；④教师适时、夸张地介入与示范；⑤前期的表现铺垫，如语言、情绪、声势等）。

4. 创造性想象和语言表述

教师进一步创设机会，使幼儿扩展自己的想象，并创造性地运用语言表达自己的认识与想象。在这一层次活动中，教师可以让幼儿续编童话故事，也可以让幼儿仿编诗歌、散文，还可以让幼儿围绕所学文学作品内容想象讲述。

创造性想象和语言表述可以从以下三方面着手培养。
（1）指导儿童艺术地再现文学作品。再现文学作品的方式有多种，如复述、朗诵、表演、用音乐或美术手段再现其思想内涵和情感氛围等。

（2）指导儿童仿编文学作品。与再现相比，文学作品的仿编活动对儿童创造性地运用语言提出了挑战。实际上，儿童仿编文学作品的过程也是一个再造或仿造的过程。儿童先感知理解作品中一句话或一段话的结构特点，然后凭借想象构思出新的内容，再借用原作品的结构，通过换一个词或几个词，甚至换几个句子的方式完成仿编活动。通过文学作品仿编活动，教师可以引导儿童理解语言结构形式与语言内容的关系，即不同的思想内容可以通过同一种语言结构表达出来；同时，教师还可以鼓励儿童大胆想象，创造性地进行词语的搭配组合，表达丰富多彩的思想内容。儿童也可以从自己仿编的作品体验到成功所带来的快乐，提高自信心，在练习用词造句、练句成段等组织语言能力的提高之余，也可以增加语言学习的兴趣。

（3）指导儿童创编文学作品。在大量感知文学作品和仿编文学作品的基础上，教师可以鼓励儿童进行文学创编活动。最初的文学创编活动往往需要图画和教师语言的帮助。教师可以请儿童根据故事开头所提供的线索，展开丰富的想象继续编构故事，从而编出一定的故事情节。在指导儿童创编文学作品时，教师既可以让儿童编出一句或一个段落，也可以视儿童的能力鼓励他们编出完整的文学作品。

文学作品学习活动中的几种特殊活动形式如下。

（1）仿编诗歌。不同年龄段的不同要求如下：小班可换其中的"词"，中班换其中的"句"，大班可对诗歌散文"部分结构"进行变化。

（2）仿编故事。以开端—发展—高潮—结局的情节结构为统领，对不同年龄的幼儿应有不同要求：小班重点编故事的结局；中班偏高潮和结局，重点放在有趣的情节上；大班重点编完整的故事只要幼儿编构的故事基本具有语言、情节、人物、主题等构成要素即可。

（3）故事表演游戏。通过对话、动作表情再现文学作品，帮助幼儿加深理解体验作品内容。整体表演要求幼儿在理解作品的基础上，按照故事的情节发展连贯完整地表演动作。个体角色让一个幼儿扮演，全体角色不做严格限制。表演过程中，教师在旁边领诵故事，串联情节，扮演某个角色的幼儿则在角色台词需要时参与对话独白，其余幼儿可以随教师附诵故事。分段表演将故事分成若干段，讲一段故事，进行一段表演；也可截取故事中的一个场景，突出这个场景中角色扮演，展示社会生活的一个侧面。

【例6-3】语言文学网络活动的设计（适用于中班）。

太阳帽的故事

在一个炎热的夏天，一个小姑娘戴着一顶漂亮的太阳帽去游泳，突然，呼呼呼，呼呼呼……一阵大风吹来了，小姑娘头上的太阳帽不见了。丁丁捡到了太阳帽，把它变成了一个飞盘，飞盘飞呀飞。呼呼呼，呼呼呼……一阵大风吹来了，飞盘不见了。小猴子捡到了太阳帽，把它变成了秋千，秋千荡呀荡。呼呼呼，呼呼呼……一阵大风吹来了，秋千不见了。蜗牛捡到了太阳帽，把它变成了摇篮，摇篮摇啊摇。呼呼呼，呼呼呼……一阵大风吹来了，摇篮不见了。小朋友们，小姑娘的太阳帽又飞到哪里去了呢？

【作品赏析】这虽然是一个学前儿童生活经验的故事，但比较有趣，颇有艺术的想象力，它通过丁丁、小猴子、蜗牛捡到太阳帽、玩太阳帽和被风刮走等情景，为学前儿童展示了一个充满童趣和想象的世界，本故事适合续编或创编。教师可引导学前儿童通过开展各种动手动脑活动活跃思维,让孩子展开想象的翅膀大胆创造。

1. 活动目标

(1)网络活动中帮助学前儿童理解作品、人物、主题,丰富学前儿童对帽子的认知。

(2)培养学前儿童爱动脑的习惯,鼓励学前儿童大胆想象和创造,体验创造的快乐和自豪。

(3)通过制作太阳帽,培养学前儿童的动手操作能力。

(4)能完整地讲述故事,并用流畅连贯的语言进行创造性表达,培养学前儿童的创新能力。

2. 活动准备

(1)若干不同类型的太阳帽。

(2)教学挂图与课件。

(3)制作太阳帽的一些相关材料。

3. 活动过程

第一层次,学习作品。主要活动:作品教学,教师出示太阳帽,引出故事,然后用课件或挂图配合,生动地讲述故事。通过提问,学前儿童可以理解掌握故事,例如,小姑娘的太阳帽先后被谁捡到?小姑娘的帽子丢了,她会怎么样?还有谁会捡到小姑娘的帽子?又会把它当作什么呢?

第二层次,理解体验作品。主要活动:参观太阳帽超市,教师在活动前准备各种类型、颜色的太阳帽若干,布置成帽子超市,教师带领学前儿童参观时,可启发学前儿童根据其形状、颜色进行联想,并讨论其优缺点。

第三层次,迁移作品经验。主要活动:①绘画活动——"太阳帽找朋友";②手工活动——"我的太阳帽",教师引导学前儿童想象小姑娘的帽子还有可能飞到哪里,被谁捡到,被当作什么,以及哪些动物与太阳帽相似等,让学前儿童用画笔和双手描绘出他们感知的事物与想象世界。

第四层次,创造性形象和语言表述。主要活动:①故事续编或创编"太阳帽奇遇";②谈话活动——"我的太阳帽",教师用假设性提问引导学前儿童进行故事续编或创编,或结合绘画、手工,为大家讲述自己的太阳帽有哪些优缺点,以及有什么独特的功能等。教师要鼓励学前儿童大胆想象,大方地用自己的语言连贯流畅表达。

(资料来源:张家蓉,卢伟. 学前儿童语言教育活动指导[M]. 上海:复旦大学出版社,有改动)

第二节 学前儿童故事教学

一、学前儿童故事的选材要点

幼儿故事教学活动的首要问题是选材问题,幼儿故事教学所选的故事除了要遵循文学作品的文学性、教育性等一般特点之外，还要考虑故事本身的一些条件。

（1）主题单一明确，有一定的教育意义。幼儿故事活动中所选的作品主题应简单明确，易于幼儿理解；作品内容健康明朗，对幼儿有一定的思想教育意义，但意义一定要与内容相贴合，不牵强，不人为拔高教育意义。

（2）情节具体生动有趣，有起伏，按一般顺序记叙。例如，童话《三只小猪》和《小红帽》。

（3）人物形象鲜明突出，易于幼儿理解、喜欢。例如，《小兔子乖乖》中慈爱的妈妈、狡猾的大灰狼，以及三只长耳朵、短尾巴、红眼睛的小兔子。

（4）故事要有利于训练幼儿创新思维，留给幼儿发挥想象的空间。例如，《会动的房子》和《会爆炸的苹果》等。

（5）故事富有文学性，语音语词及意境优美，构思结构精美、语言动听上口，能为幼儿奠定文学底蕴、审美情操。

（6）故事要有针对性。针对本班幼儿的实际情况，关注本班幼儿思想状况，及时选择相关主题的故事进行教育，如果发现幼儿不会分享玩具，可选童话《小铃铛》和《金色的房子》等。配合时令选材，如果所选的故事中的内容是幼儿熟悉的或能在生活中体验感知的，则有利于幼儿掌握故事，故选材要考虑季节、地区等因素。例如，春天南方可选择童话《小蝌蚪找妈妈》，北方可选择童话《春天的电话》。

需要注意的是，教师在选择故事时一定要考虑幼儿以具体形象思维和直觉动作思维为主，以及抽象逻辑思维在幼儿末期才刚刚开始萌芽的认知特点，考虑幼儿喜欢生动形象、画面感、情节性、趣味性强的文学作品，考虑幼儿对美的感受以及表现直接、肤浅与积极的情绪情感体验紧密相连的审美特点，一定要选择与幼儿生活经验紧密相关、理解接受能力之内的故事，宁可选择简单、形象具体式的"低级趣味"，也不能为了教育意义而选择高大上、空洞而抽象的题材，更不能为配合时政选标语式、说教式、解释口号式的故事。教育目的以幼儿身心发展为第一要义，其次才是社会价值的规定性，因此一定不能把成人世界的价值观、政治理念简单地通过文学性较弱、儿童性较弱的文学作品简单粗暴地灌输、强加给幼儿。例如，偏重说教的《孔融让梨》相较于诙谐幽默的《是谁嗯嗯在我的头上》，无论从文学性、趣味性、儿童可接受性、社会性行为的养成角度，其感染力或教育功效都不如后者。

二、幼儿故事活动过程设计思路

应遵循循序渐进、由浅入深的原则，引导幼儿完整掌握作品。由于时间有限，幼儿故事活动过程设计应将重点放在第一、第二层次，即学习欣赏、理解体验，第三层次迁移和第四层次创造性运用语言可安排在延伸活动环节或者主题活动中，也可安排在第二课时进行，具体如下。

（一）创设情境，引出故事

创设一个故事或童话氛围，引起幼儿急于想了解故事的浓厚兴趣，从而引出故事，如提问引入、猜谜引入、直观教具引入等。

（二）生动、有情感地讲述故事

教师要表现出对故事的极大兴趣，辅以适当的直观教具，如动画视频、幻灯片、玩偶表演等形式，用生动形象、情感充沛的语言完整讲述故事（故事不要特别长），口语亲切，声情并茂，态势得体。教师有感情而生动地讲述故事，可以极大地吸引幼儿的注意力，有助于幼儿理解故事内容。

可以分段讲述后再整体讲述，也可反之，或者整体讲述两三遍。可以在情节的高潮处运用"关键中断法"，在能够激发幼儿想象的地方提问或讨论，促使幼儿想象和表达。几遍讲述语言应一致，便与幼儿完整记忆，但讲述的方式不应雷同，以免幼儿产生枯燥感。

（三）理解作品的主要内容和主要特色

1. 理解作品的主要情节和内容

教师通过三层次提问、讲解、挂图、故事表演等方式帮助儿童理解故事的主题情节。

第一遍讲完后提出人物、情节、重要对话等明确具体的问题，帮助幼儿首先理解故事的大意。

第二遍讲完后提出思考性问题，如幼儿对主人公行为的态度和评价（你喜欢谁、为什么等），需要有思考之后再回答，从而帮助幼儿理解故事主题、人物性格和心理特征等。

接着提出需要儿童发散思维、假设、想象问题（如从故事中可以学到什么、会如何做等把握故事主题的问题或续编性问题），鼓励儿童大胆思考想象、扩展思路，故事与现实生活相结合，充分满足幼儿语言表达的欲望。

通过上述活动，幼儿可以理解故事的主题和内容，同时学会欣赏故事的基本方法和技能：故事的发生—故事的高潮—故事的结束，为幼儿习得独自阅读图书、欣赏文学作品的技能和兴趣习惯起重要作用。

故事教学经常使用的教具形式包括翻页教具、插入式教具（结合背景图）、纸轴教具等。

2. 体验作品所特有的艺术感染力

让幼儿体验作品特有的艺术魅力和情感特征，理解并抓住作品所表达的情绪情感，并产生与故事主人公一致的情感或同理心，与之同喜同悲。唯其如此，幼儿才会真正理解作品的主题和深层次的艺术魅力。

教师要用极具感染力的语言讲述故事。教师要充分利用表演、绘画、动手操作、复述故事等多种形式，让幼儿手眼脑口并用，多种感官通道同时打开，多角度全方位地感受和表现故事中的人物、动作、情节、语言，加深幼儿对人物性格特征、故事情节、所蕴含的情感特征的理解，以情感人，以情动人。

（四）围绕故事展开系列创造性语言活动

（1）复述故事：对话复述、分段复述、分角色复述、全文复述等。

（2）表演故事：整体表演、分段表演、区域活动表演、故事教学中的表演、专门的表演、游戏性表演、家长开放日或节日活动中为家长的展示性表演等。

（3）编构故事：小班编构结局、中班编构有趣情节（高潮部分）、大班编构完整故事。

三、故事教学的其他组织策略

教师应根据故事不同的内容、情节、结构采用适宜的组织策略帮助儿童理解故事的内容、情节结构，以使其产生情感上的共鸣。除了一般的常规组织策略（即初步感受欣赏作品—理解体验作品—创造性活动）之外，还有以下策略可供参考。

（一）活动归纳法

有些故事连贯性强，能够通过游戏的方式呈现。教师可依据故事内容创设环境，准备活动材料，把幼儿引入故事情境中，以游戏的方式一步步展开故事情节，让幼儿在亲身体验中理解故事。在此基础上，师生共同归纳故事内容。

故事《小猴摘桃》，教师事先创设山洞、独木桥、花果山等环境，准备猴子头饰、桃子等活动材料。师生戴上头饰，播放配音故事《小猴摘桃》，依照故事讲述的情节展开游戏。

（二）启发猜想法

有些故事上下句或上下段之间有某种程度的逻辑联系，或是段落内容较为类似。教师可只提供给幼儿部分情节，启发引导其积极猜想下面的情节内容，这样可以为幼儿提供较大的猜想空间，既调动幼儿学故事的积极性，又发展幼儿想象力。

（三）难点前置法

有些故事需要多层次分析推理，幼儿一时半刻难以理解。可在故事教学之前先将难点提炼出来，通过实验、操作等其他辅助手段，引导儿童主动探索和交流相关内容，积累相关经验和直观感受。

例如，故事《包公审石头》讲述之前，教师考虑到幼儿很难理解包公通过铜钱入水判断谁是小偷，便准备一些硬币，当着幼儿的面给一些硬币沾上油，剩余的则不沾油，让幼儿将两组硬币分别投入不同的清水盆中。通过观察科学实验，幼儿很快就可以明白故事中的道理。然后开展故事教学，由于难点已提前攻克，因此故事教学进展非常顺利。

（四）暂停质疑法

有些故事悬念迭出，可质疑的角度多，教师可在故事讲述中间做有意的暂时停顿、中断，提出疑问引导儿童进行分析讨论、质疑和探究。

例如，《司马光砸缸》，当讲到一名儿童跌入水缸时，教师暂停讲述，提问"司马光会如何救同伴？"以引导幼儿思考对策，让幼儿根据已有的生活经验和知识进行各种可能的猜想推测。

【故事素材】

会爆炸的苹果

小猪种了一棵苹果树，秋天到了，苹果树上结满了红通通的大苹果，小猪非常高兴。

一天小猪正在树下休息，一只小鸟飞来了，小鸟发现这么多的苹果，就叽叽喳喳地叫起来，"太好了，太好了，小猪的苹果树结出了这么多的苹果"。

小鸟的叫声引来了一只狐狸，狐狸抬头看着那些苹果，口水都要滴下来了，它对小猪说："那苹果一定很甜吧，给我几个尝尝怎么样啊？"小猪看着狐狸的馋样，摇摇头说"想吃苹果，还是你自己种吧。"狐狸不爱劳动，也没有耐心种苹果树。

有一天，狐狸想出了一个坏主意，它把几只大红气球拴到一棵树上，然后跑过来对小猪说："我种了一棵最新品种的苹果树，几天就结苹果了，苹果个个又大又红，比起我的苹果，你的大苹果只能算是小苹果。"小猪听了很好奇，就去看狐狸的苹果树，它站在树下一看，高高的树梢上挂着几个特大的"红苹果"，小猪也想种出这么大的苹果，它对狐狸说："请你换给我一个大红苹果吧，我想用它做种子。"狐狸这下可神气了，摇头晃脑地说："换是可以的，但是，这些'大红苹果'这么大，又特别珍贵，所以呀，你要拿好多个才能换我一个'大红苹果'。"小猪答应用三筐苹果换狐狸的一个"大红苹果"。

小猪哼哧哼哧地拖来三筐苹果，狐狸也准备上树去采它的大红苹果，远处的小鸟知道了这一切，心里着急地想："小猪你可不能上狐狸的当啊！"可是已经来不及了，狐狸把"大红苹果"摘下来了，正要与小猪交换，这时小鸟飞来了，它用那尖尖的嘴巴将"大红苹果"一啄，"砰"的一声巨响，狐狸的"大红苹果"爆炸了，"砰、砰、砰"狐狸的"大红苹果"全爆炸了，小猪立刻明白，刚才它差点上狐狸的当，气嘟嘟地带着三筐苹果回家了，小鸟也飞走了，只有狐狸两手空空地傻站在那里，直发呆。

（资料来源：http：//www.docin.com/p-1482749833.html，有改动）

金色的房子

田野里有一座小房子，红的墙，绿的窗，金色的屋顶亮堂堂。太阳出来后照的一闪一闪的，漂亮极了，有一个小姑娘，她就住在这金色的房子里，每天早晨，她提着一只花篮，到草地上去采花。有一天，小姑娘又去采花了，一只小羊跑来对她说："小姑娘你早，你那金色的房子真好，红的墙，绿的窗，金色的屋顶亮堂堂。"一只小鸟飞来对她说："小姑娘你早，你那金色的房子真好，红的墙，绿的窗，金色的屋顶亮堂堂。"一只小狗跑来对她说："小姑娘你早，你的那座金色的房子真好，红的墙，绿的窗，金色的屋顶亮堂堂。"一只小猴跑来对她说："小姑娘你早，你那金色的房子真好，红的墙，绿的窗，金色的屋顶亮堂堂。"小姑娘听大家都夸自己的房子好，心里高兴极了，就带着大家一起唱歌，一起跳舞，快到中午了，小姑娘要回家了，大家帮她采了许多花，一直送她到金色的房子前，小鸟说："小姑娘，让我进去玩玩吧！"小姑娘说："不行，你扑腾扑腾地乱飞，会把我的房子弄脏的。"小狗说："小姑娘，让我进去玩玩吧！"小姑娘说："不行，你汪汪地乱叫会让我睡不着觉。"小猴和小羊说："小姑娘，让我们进去玩玩吧？"小姑娘说："那就更不行了，你们趴踏趴踏地乱跑，会把我家的地板踩坏的。"小姑娘说完了话，就自己走进房子里，砰地一声关上了大门。小姑娘在家里唱了一会儿歌，可是没人听她的，跳了一会儿舞，可是没人看，她觉得闷极了。她打开窗子一瞧，小羊、小鸟、小狗、小猴在草地上玩的正热闹呢！小鸟飞着叫着，小狗跳着唱着，小猴骑在小羊的背上，像个猎人，特别神气，小姑娘悄悄地打开门，悄悄地走出去，悄悄地走进草地，小羊看见她说："小姑娘快来快来跟我们一起玩呀！"小鸟看见她说："小姑娘快来快来跟我们一起玩吧！"小狗和小猴也都欢迎她。小姑娘说："请你们一起到我家去玩吧！"小鸟问："你不怕我弄脏你的房子？"小姑娘摇摇头，小狗问："你不怕我闹的你睡不着觉吗？"小姑娘摇摇头，小羊和小猴问她："你不怕我们踩坏你家的地板吗？"小姑娘又摇摇头。大伙都高兴极了，一起跟着小姑娘到金色的房子里去，它们一起唱歌："红的墙，绿的窗，金色的屋顶亮堂堂……"

（资料来源：http：//www.baby611.com/gushi/yegs/201404/126403.html，有改动）

是谁嗯嗯在我的头上

有一天，小鼹鼠从地下伸出头来，它高兴地面向太阳："哇！天气真好。"这时候，事情发生了！（一条长长的、土黄色嗯嗯掉下来了，糟糕的是，它正好掉在小鼹鼠的头上。）

小鼹鼠气得哇哇大叫："搞什么嘛！是谁嗯嗯在我的头上？"（有一个影子闪过去了，但是，小鼹鼠看不清楚那是谁。）

这时候，一只鸽子飞过来了，小鼹鼠立刻问它："喂！是不是你嗯嗯在我的头上？""不是我！我的嗯嗯是这样子的。"（鸽子说完，一团又湿又黏的白色嗯嗯掉下来了！）

小鼹鼠只好跑去问马先生："是不是你嗯嗯在我的头上。""不是我！我的嗯嗯是这样子的。"（马先生屁股一扭，五坨又大又圆的嗯嗯，像马铃薯一样，咚！咚！咚！小鼹鼠失望地走开了！）

小鼹鼠很生气地问一只野兔："是不是你嗯嗯在我的头上？""不是我！我的嗯嗯是这样子的。"（野兔立刻转身，十五个像豆子一样的嗯嗯，掉下来了。嗒！嗒！嗒！）

小鼹鼠问山羊："是不是你嗯嗯在我的头上？""不是我！我的嗯嗯是这样子的。"（山羊的嗯嗯像一颗颗咖啡色的小球掉下来，小鼹鼠看一看摇着头离开了！）

小鼹鼠问正在吃草的乳牛："是不是你嗯嗯在我的头上？""不是我！我的嗯嗯是这样子的。"（乳牛的嗯嗯好像一盘巧克力蛋糕，小鼹鼠一看就知道它头上的嗯嗯一定不是乳牛的！）

小鼹鼠又跑去问猪先生："是不是你嗯嗯在我的头上？""不是我！我的嗯嗯是这样子的。"（猪先生立刻"噗——"一声掉下一坨软软的嗯嗯，小鼹鼠捂着鼻子跑开了！）

远处，小鼹鼠又看见了两只小动物："是不是你……"它一面说，一面走近它们，原来是两只又肥又大的苍蝇，小鼹鼠高兴地想："啊哈——我知道谁可以帮助我了。"

它走过去问苍蝇："我头上的嗯嗯到底是谁的？"

苍蝇对小鼹鼠说:"那有什么问题,你乖乖坐好,我们来试试看就知道了!"苍蝇只是戳了一下它头上的嗯嗯,立刻说:"哈!太简单了,这是一坨狗大便!"

小鼹鼠立刻跑去找大狗,大狗正在打瞌睡,小鼹鼠问它:"为什么你嗯嗯在我的头上?"大狗闭着眼睛,懒懒地说:"我不小心嘛!你想怎么样?"

小鼹鼠气得爬到狗屋上面,哇哇大叫:"喂!你应该说对不起!"(大狗还没有回答,忽然,小鼹鼠觉得肚子不舒服,它忍不住"噗"一声,一粒小小的、黑黑的嗯嗯掉下来了,正好掉在大狗的头上。)

小鼹鼠立刻说:"哎呀!对不起!"然后不好意思地钻到地底下去了!

(资料来源:是谁嗯嗯在我的头上 [M].维纳尔·霍尔茨瓦特,沃尔夫·埃布鲁赫.方素珍译.石家庄:河北教育出版社,2007,有改动)

会动的房子

小松鼠在树顶上住腻了,于是决定在地面上重新建造一座房子。在大树底下,它发现了一块由七块小石头拼成的大石头,很硬,也很光滑。小松鼠说:"嘿,就在这上面造一座房子!"

房子终于造好了,忙了一天的小松鼠也累了,在新家里睡着了。

"呼——呼——呼——"什么声音?小松鼠被吵醒了。推开窗一看,呀!自己是在美丽的山脚下,小风奏起了动听的山歌。真奇怪,昨天还在大树下。今天却来到了山脚下。可小松鼠又一想,没关系,山脚下挺好的,有动听的山歌做伴。

第二天,又传来"哗哗哗"的声音。小松鼠推开窗一看。呀!又来到了大海边,浪花唱起了欢快的歌声。小松鼠这下可乐了:"我的房子会动,我的房子会动!"现在,小松鼠又有浪花声做伴。

第三天,小松鼠想,今天我来到哪儿啦!推开窗一看,呀!眼前是一片大草原,马儿在"哒哒哒"地奔跑。小松鼠禁不住在房子里手舞足蹈。

突然,传来一个声音:"小松鼠呀,快别乱动。""咦,是谁呢?是这块硬硬的大石头?""小松鼠你真粗心,把房子盖在我的背上,我驮着你走过了许多地方。"小松鼠低头一看,原来是乌龟,那硬硬的大石头竟然是乌龟的背。小松鼠惭愧得脸都红了,赶紧说:"你,你累坏了吧?"乌龟说:"不,这下我们俩可以做伴了。"

(资料来源:学前儿童语言教育活动指导 [M].张家蓉,卢伟.上海:复旦大学出版社,2009,有改动)

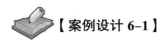【案例设计 6-1】

会动的房子

1. 活动设计意图

童话故事《会动的房子》向幼儿展示了一个生动美丽的童话世界,故事以一只粗心的小松鼠将房子盖在乌龟的背上为线索,把善良的小乌龟塑造得活灵活现,在优美生动的语言中,让孩子们感受到作品中清新的大自然画面,让幼儿感受到其中的幽默。本次活动的故事情节简单,充满童趣,形象鲜明、突出,容易引起幼儿的学习兴趣,激发幼儿热爱大自然的情感,同时蕴含深刻的哲理,教育幼儿无论做什么事情都要认真,不能粗心。故事最后乌龟带着松鼠到处玩,让幼儿体会乌龟与松鼠之间的友情。

2. 活动目标

(1)仔细观察画面,发现小松鼠的房子会"动",并在理解故事的基础上找到房子会动的真正原因。

(2)能根据画面大胆地推测和想象故事中松鼠与乌龟的心理活动。

(3)体会乌龟对松鼠的友情。

3. 活动准备

(1)知识经验准备。

(2)物质准备:PPT。

4. 活动过程

环节一:讨论《会动的房子》,激发兴趣。

师:我们平时住在怎样的房子里?

幼儿:楼房里。

师:出示一些房子图片,这是什么呢?这是一种怎样的房子呢?

幼儿:奇怪的房子。

师:今天我们就要来看这么一个有趣的故事,让我们一起看看这个故事去吧。

(1)展示图6-3。

图6-3

师：你们看这是谁呢？

幼儿：小松鼠。

师：小松鼠住在哪里呢？

幼儿：小松鼠住在树上。

师：住在树上的小松鼠在想什么呢？

幼儿：它也想有一座自己的房子。

师：对啊，小松鼠在想，要是我也有一座房子那该多好呀，那你是从哪里看出来的呢？

幼儿：旁边有一个房子，说明就是它想的。

（2）展示图6-4。

图6-4

师：小松鼠在干什么呢？

幼儿：小松鼠在造房子。

师：你从哪里看出小松鼠在造房子呀？

幼儿：在搬木头。

师：小松鼠把房子造在哪呢？

幼儿：房子造在乌龟背上。

师：教师手指草坪地方，仔细看看小松鼠把房子造在哪呢？

幼儿：草地上。

（3）展示图6-5。

师：小松鼠很想要一座房子，于是，它就拿着工具开始造房子，现在有什么变化呢？谁来说说这张图呀？

幼儿：房子建好了，有门，有窗，有床。

图 6-5

（4）展示图 6-6。

图 6-6

师：小松鼠在造好的房子里美美地睡觉，第二天早上，小松鼠发现了什么呢？
幼儿：新房子跑到山上了！
师：跑到哪儿了呢？仔细看看。
幼儿：山坡上。

师：昨天房子在哪呀？
幼儿：草地上。
师：现在在哪呀？
幼儿：山坡上。
师：小松鼠会说什么呢？
幼儿：咦，新房子怎么跑到山上来了？
（5）展示图6-7。

图6-7

师：小松鼠的房子造在草地上，第二天早上房子跑到山坡上去了，第三天早上，小松鼠醒来，奇怪的事又发生了，说说是什么呢？
幼儿：新房子又跑到大海里了。
（6）展示图6-8。
师：这时候更奇怪的事发生了，是什么呢？
幼儿：新房子在乌龟的背上。
师：乌龟会说什么呢？
幼儿：我都驮着你走过了好多地方了。
师：这时候小松鼠知道什么了？
幼儿：小松鼠知道把乌龟累坏了。
师：原来小松鼠把房子造在了乌龟的背上。这个有趣的故事还没名字呢，我们来给它取个名字吧。
幼儿：乌龟和松鼠的故事。
师：老师也给这个故事取了个名字，就是《会动的房子》。

图 6-8

环节二：完整欣赏，拓展想象。

师：我们一起来看这个有趣的故事（完整欣赏故事）（教师示范讲故事）。

师：又看了一遍故事，你喜欢会动的房子吗？

幼儿：喜欢。

师：乌龟为什么让小松鼠把房子造在自己的背上呀？

幼儿：有个伴。

师：小松鼠把房子造在乌龟背上，乌龟走到哪里，就把小松鼠带到哪里，还会带去很多很多好玩的地方。请小朋友大胆地想一想，除了山脚下、大海边、草原上，小乌龟还会带小松鼠去哪里呢？

幼儿：海里，沙漠，森林……

5. 活动延伸

请小朋友们把小乌龟和小松鼠还会到什么好玩、漂亮的地方画出来。

（资料来源：http://www.lspjy.com/thread-228822-1-1.html，有改动）

【案例设计 6-2】

是谁嗯嗯在我的头上——中班版

1. 活动目标

（1）初步理解绘本所表达的内容，并在与小鼹鼠一起寻找"肇事者"的过程中，知道不同动物的嗯嗯是不一样的。

（2）尝试运用观察、比较、猜测、自主阅读等方法了解故事内容，提高参与阅读的积极性。

（3）愿意与同伴分享自己的想法，体验阅读活动带来的快乐。

2. 活动准备

《是谁嗯嗯在我的头上》PPT，以及鸽子、马、野兔、山羊、奶牛、猪的图片及其粪便的图片。

3. 活动过程

（1）运用书中相关的动物与动物粪便的图片，进行猜测配对游戏，以引起幼儿的兴趣，使幼儿进行自主阅读。

①师：今天，老师带来了一些动物朋友，都有谁呢？（出示各种动物图片，幼儿自由地说。）

②师：图上有鸽子、马、野兔、山羊、奶牛、猪。我这里还有六张动物便便的图片，请你找找哪个是它们的便便，谁来试一试？（请个别幼儿配对）你是这么猜的，有和他不一样的吗？

③出示图画书封面，引导幼儿观察。师：你们都找对了吗？答案就在这一本很有意思的书中。观察封面，这个故事有个很奇特的名字——《是谁嗯嗯在我的头上》，猜猜"嗯嗯"是什么意思？（幼儿猜测）原来"嗯嗯"就是大便的意思。

④师：你在封面上找到"嗯嗯"了吗？在什么地方？嗯嗯在小鼹鼠的头上，它的心情会怎样？（幼儿自由表述。）

⑤师：是谁嗯嗯在小鼹鼠的头上？小鼹鼠去问了哪些动物？动物们的嗯嗯又是什么样的呢？接下来请你自己到书中寻找这些答案。教师提出阅读图书的要求。

⑥幼儿自主阅读、教师巡回观察。

（2）仔细观察，师生共同阅读。

①观察故事前半部分，初步理解故事内容，并在与小鼹鼠一起寻找"肇事者"的过程中，初步了解不同动物的嗯嗯是不一样的。

a. 第1~2页。师：是谁嗯嗯在小鼹鼠的头上？小鼹鼠去问了哪些动物？动物们的嗯嗯又是什么样的呢？我们一起来看这本书。师：有一天它从地下钻出来，事情发生了。发生了什么事呢？嗯嗯是什么样的？（长长的、土黄色的嗯嗯）师：小鼹鼠是什么表情？它会说些什么？我们来学一学小鼹鼠的动作。小鼹鼠气得大叫："搞什么嘛！是谁嗯嗯在我的头上？"有一个影子闪过去，看不清楚到底是谁？你觉得那是谁的影子？（幼儿猜测）师：那我们一起看看小鼹鼠到底找了谁，动物的嗯嗯又是什么样的？

b. 第3~4页。师：小鼹鼠去找谁了？它是什么表情呀？它会说些什么？（幼儿学书中小鼹鼠的动作和声音）一只鸽子飞过来了，小鼹鼠问它说："喂！是不是你嗯嗯在我头上？""不是我，我的嗯嗯是这样子的。"鸽子的嗯嗯是什么样的？（什么颜色的？看起来像什么？）（鸽子的嗯嗯是白色的，看起来像尿一样，湿湿的。）鸽子说完嗯嗯就掉在小鼹鼠的脚边了！

c. 第5~6页。师：小鼹鼠又去找谁了？（马先生）这次它又跟马先生说了什么？（幼儿学书中小鼹鼠的动作和声音）那马先生又是怎么样跟它说的？马先生的嗯嗯是什么样的？（数一数）像什么？（又大又圆像马铃薯一样的嗯嗯）小鼹鼠失望地走开了！

d. 第7~8页。师：小鼹鼠又去找谁了？这次它又跟野兔说了什么？（幼儿学书中小鼹鼠的动作和声音）那野兔又是怎么样跟它说的？野兔的嗯嗯是什么样的？（数一数）（像豆子一样的嗯嗯）和马先生的嗯嗯有什么不一样？你们听到野兔嗯嗯掉下来的声音了吗？（哒哒哒哒）小鼹鼠立刻跑开了！

e. 第9~10页。师：小鼹鼠又去找谁了？（山羊）这次它又跟山羊说了什么？（幼儿学书中小鼹鼠的动作和声音）那山羊又是怎样跟它说的？山羊的嗯嗯是什么样的？（数一数）你们发现它是什么颜色的？山羊的嗯嗯是什么样的？与兔子的有什么不同？（咖啡色，比兔子的大、数量少）

f. 第11~12页。师：它又去找谁了？（乳牛）这次它又跟乳牛说了什么？（幼儿学书中小鼹鼠的动作和声音）那乳牛又是怎么样跟它说的？乳牛的嗯嗯是什么样的？（一大摊、像一个大圆盘）小鼹鼠在哪里？它为什么要站在乳牛的腿后面？

g. 第13~14页。师：它又去找谁了？（猪先生）这次它又跟猪先生说了什么？（幼儿学小鼹鼠的动作和声音）那猪先生又是怎么样跟它说的？猪先生的嗯嗯是什么样的？猪的嗯嗯和奶牛的嗯嗯有什么不一样？它为什么还要捂住嘴巴？师：后来小鼹鼠又去问了谁呢？是谁帮助了它？到底是谁嗯嗯在它的头上呢？我们继续看。

②观察故事后半部分，通过提问初步理解故事内容。

a. 第15~16页。师：小鼹鼠又去问谁了？猜猜，小鼹鼠怎么知道苍蝇能够帮助它？师：苍蝇帮助它了吗？你从哪里看出来的？苍蝇是怎么帮助它的？苍蝇说嗯嗯是谁的呢？

b. 第17~18页。师：小鼹鼠终于知道是谁嗯嗯在它的头上了。它是什么表情、动作？师：好呀！原来是这只大狗！小鼹鼠，知道自己头上的嗯嗯是大狗的，它后面会怎么做呢？（幼儿自由说）

c. 第19~20页。师：我们一起看看它是怎么做的？大狗正在打瞌睡，小鼹鼠爬到它的屋顶上。师：小鼹鼠的嗯嗯是什么样的？（小小的、黑黑的嗯嗯）师：小鼹鼠在哪里呢？它为什么咻溜一下赶紧钻回地下呢？（幼儿自由表述想法）总结。

（3）完整阅读绘本，进一步熟悉故事内容。

①师：下面，老师把整个故事连起来讲一遍，请你一边仔细听一边观察书中小鼹鼠的动作和表情，和小鼹鼠一起寻找头上的嗯嗯到底是谁的？

②出示幻灯，完整阅读绘本。

③再次给动物和动物的嗯嗯配对。

师：看完了吗？现在，你们肯定知道动物们的嗯嗯是什么样的了？那请上来试试给动物和嗯嗯重新配对。（请个别幼儿上前操作）

④总结。今天，大家一起阅读了《是谁嗯嗯在我的头上》这本书，故事中小鼹鼠想要知道头上的嗯嗯到底是谁的，于是，它问了鸽子、马先生、野兔、山羊、奶牛、猪，但它头上的嗯嗯都不是它们的，最后在苍蝇的帮助下，知道自己头上的嗯嗯是大狗的。原来，

每种动物的嗯嗯都是不一样的,这本书中还有很多有趣的地方,下次再来一起阅读吧!

(资料来源:http://www.doc88.com/p-7068077224650.html,有改动)

是谁嗯嗯在我的头上——大班版

1. 设计意图

本活动选自绘本故事《是谁嗯嗯在我的头上》,这是一本非常幽默、有趣、搞笑的知识类图书。它巧妙地将一个个毫无关联的知识编织成一个紧密相连的故事,让孩子们随着有趣的故事情节发展,轻松地学习这些知识。动物的"大便"脏、臭,孩子唯恐避让不及,然而,本次活动通过有趣的故事,满足了孩子对大便的好奇心,并随着故事的发展,认识了许多动物的大便,从中获取许多知识。例如,学习小鼹鼠的执着,认知各种动物的大便形状、颜色、食量与大便的关系等。本来大小便是一件很难启齿的事情,本次活动以一个有趣的故事从科学的角度阐述了这个问题,让孩子以科学的眼光坦然面对生理问题。

2. 活动目标

(1)理解故事内容,了解不同动物的嗯嗯是不一样的,并能用语言大胆描述。

(2)知道什么样的嗯嗯对人体最有益,教育幼儿大小便要去厕所。

(3)培养幼儿良好的饮食和卫生习惯。

3. 活动准备

(1)《是谁嗯嗯在我的头上》幻灯片。

(2)动物和相应的嗯嗯图片。

4. 活动重点和难点

(1)重点:知道不同动物的嗯嗯是不一样的。

(2)难点:能用完整、连贯的语言描述不同的嗯嗯。

5. 活动过程

(1)导入部分:幼儿随音乐进教室,向老师打招呼并围坐成半圆圈。

(2)展开部分。

①出示鼹鼠图片。请幼儿说出它的名字,并提问:小鼹鼠的头上是什么?

②分段欣赏故事《是谁嗯嗯在我的头上》。

a. 播放幻灯片1、2。教师提问:有一天发生了什么事?小鼹鼠的心情是怎样的?并请幼儿讨论,是谁嗯嗯在小鼹鼠的头上?

b. 播放幻灯片。教师边按鼠标边提问:小鼹鼠分别找到了谁?它的嗯嗯是什么样的?并学学小鼹鼠与它们的对话。

c. 故事结束。幼儿寻找答案到底是谁嗯嗯在它的头上。

③游戏:《嗯嗯配对》。

教师讲解游戏玩法:请个别幼儿扮演不同的小动物,其余幼儿手拿嗯嗯站到相应的小动物后面，然后讲给喜欢的老师听：我们是某某动物，我们的嗯嗯时什么样的。

④教师提问：小鼹鼠是怎样找到大狗的，大狗为什么会嗯嗯在小鼹鼠的头上？并请幼儿带着问题完整欣赏故事。

⑤教师小结：动物和人是不一样的，动物会随地大小便，这样是不对的，不仅会造成环境污染，也会给别人带来不方便，那我们小朋友应该怎样做呢？引出嗯嗯时要男女分厕。

⑥游戏：寻找最舒服的嗯嗯，请幼儿讲述自己的嗯嗯是什么样的，并请幼儿讨论什么样的嗯嗯对小朋友最好。

（3）结束部分：所有小朋友向老师挥手再见。

6. 活动延伸

将故事中的图片摆放在语言区，鼓励幼儿大胆表演故事内容。

7. 活动反思

《是谁嗯嗯在我的头上》是令人开心的一本书。而鼹鼠本身就给人一种神秘的感觉，因为它生活在地底下，可以自如地在土地里穿行。仔细看过书之后，就知道这本书是通过鼹鼠的一次遭遇：不知是谁大便在它的头上。有一天，小鼹鼠刚从地面上冒出来，凭空落下来像香肠似的东西，正好扣在它的头上，远处看起来像一顶巴黎时尚小帽儿，但气味实在是不怎么样。小鼹鼠火冒三丈，但却弄不清楚是谁惹的祸。于是，小鼹鼠本着"大胆假设，小心求证"的套路寻找祸主。到底是谁的杰作呢？小鼹鼠头顶着物证，锲而不舍地造访它所能遇到的邻居们，如鸽子、老马、野兔、山羊、乳牛，而它们为了解脱嫌疑，一一出具了自己的"物证"，证明了和小鼹鼠头顶上的"时尚小帽"的确不同。这一事件作为线索让小朋友们了解鸽子、马、野兔、山羊、乳牛、狗等动物大便的形状。说起来应该算是一本"科普"书籍，并且是通过一个故事的方式呈现的，容易让小朋友接受。同时，书上的图很注意动物体形大小的比例，让人能体验到真实感。

通常，"便便"这东西都是小孩子被教育要远离的，在孩子心理上好像一种特殊的跷跷板，触发一次就是一次特别的体验。另外，现在的孩子已经很难见到马、羊、牛等动物，更别说是它们的"嗯嗯"了。因此，有助于把孩子过往的经验引发出来，新鲜的实物，特殊的经验加上像孩子们每天都会遭遇的经历，都能作为展开联想的依据。同时，笑对"嗯嗯"会帮助幼儿建立对生活中再正常不过的事情的客观态度。

活动一开始，"嗯嗯"这个词引起了幼儿隐蔽的那根弦，许多孩子都捂住嘴巴笑了起来。但是，通过教师的引导，以及故事内容的渗透，孩子们逐渐接受了这个词，并且可以坦然且没有避讳地进行谈论。在活动过程中要尊重每个孩子的不同感受，并积极鼓励他们边读边猜想后面将要发生的事，鼓励他们参与到编写故事中，想出与作者不同的更有意思的情节或续编结尾，并且鼓励他们将自己比拟成故事中的角色。

故事内容幽默、情节有趣、图画可爱，趣味性与知识性兼备。让孩子们在欢笑中掌握相关知识。同时，可以告诉孩子一些深刻的道理：生活中，要善于观察事物，总结特征，学会辨别。另外，要意志坚定，为实现目标而努力。

（资料来源：https://www.smtxjs.com/html/youeryuanjiaoan/daban/yuyan/3763_2.html，有改动）

【案例设计 6-3】方脸和圆脸（中班文学作品）。

方脸和圆脸

山脚下住着一户人家，家里有一位老公公和一位老婆婆。

老公公高高的个子，挺瘦，长着方脸盘儿。

老婆婆矮矮的个子，挺胖，长着圆脸盘儿。

方脸老公公喜欢方东西：他坐，要坐方凳；喝酒，要用方杯；就连走路，也要迈四方步。

圆脸老婆婆喜欢圆东西：她吃饭，要用圆桌；梳头，要照圆镜；睡觉的时候不用枕头，而是枕个大南瓜。

有一天，老两口吵了嘴，要分家。

老公公说："方东西是我的！"

老婆婆说："圆东西是我的！"

好，就这么定啦，分吧。

老公公站在小院儿里一看，说："房子是方的，归我。"

老婆婆说："橼头是圆的，我得把房顶拆了……"

老公公指着家具说："桌凳是方的，归我。"

老婆婆说："钉子是圆的，我得把钉子都取下来……"

老两口分了一上午，越分越分不清楚。瞧吧：

被子是方的，被面上绣的花是圆的！

菜刀是方的，刀柄是圆的！

褂子是方的，袖子是圆的！

……

老两口再互相一看，又发现：老公公的脸盘是方的，眼珠儿是圆的！老婆婆的脸蛋儿是圆的，两颗门牙是方的！

"哈哈"老公公笑了。

"扑哧"老婆婆乐了。

老公公和老婆婆都说："不分了！不分了！"

现在，老公公和老婆婆还住在一起，他们越过越快乐。

（资料来源：http：//www.ruiwen.com/jiaoxuesheji/1614809.html，有改动）

方脸和圆脸——A 版

1. 活动目标

（1）理解故事的主要内容和情节，感受故事的幽默，知道物体有方有圆，各有用处。

（2）乐意观察，大胆表述对周围物体形状的认识。

（3）通过故事渗透幼儿对家的理解，了解一家人在一起才会快乐开心的道理。

2. 活动准备

方脸和圆脸的多媒体课件。

3. 活动过程

（1）导入。

①教师："每个人都有家，小朋友有家，老师也有家。请你们说说，家是什么？"鼓励幼儿自由表达。

②出示挂图，请幼儿观察挂图，激发幼儿的兴趣："山脚下住着一户人家，我们一起来看看这户人家住着谁？老公公和老婆婆长得怎么样？"

（2）讲故事，找出方和圆。

教师讲故事：从"山脚下……"到"……那就分吧"。

讲完后请幼儿帮老公公和老婆婆找出哪一些东西是圆的？哪一些东西是方的？他们各喜欢什么东西？

（3）引导幼儿讨论"是分家好还是不分家好"，并说明理由。

①教师讲述从"……站在院子里一看"到"袖子是圆的"。

②教师：这可怎么分？老两口分了一上午，还是分不清楚。请你们帮帮他们，你觉得是帮他们分好还是不分好？为什么？

③幼儿分组讨论，交流各自的观点和看法。

（4）一家人在一起才开心。

①教师：小朋友们都帮老公公和老婆婆想了办法，有的同意分，有的不同意分。我们来听听他们到底分了没有。继续讲故事。

②教师：他们分了没有？为什么？

③教师：一家人在一起开开心心才快乐。

4. 专家点评

（1）故事教育价值在哪里？教师设计活动时是如何挖掘教材的教育价值的？

教师看到的活动材料的价值：故事提供了图片，儿童可以在图片中寻找方形和圆形。故事的价值还在于可以让幼儿围绕"分家好还是不分家好"进行讨论，对幼儿渗透家的概念，认识到一家人在一起才是最开心的。

因此，教师是这样挖掘活动价值的：侧重点在于情感、态度，对家的喜爱依恋，涉及人际关系处理，一家人在一起是开心的，不能分开。

（2）对活动意义的质疑。

①让中班幼儿讨论"分家好还是不分家好"是否合适？（这样的问题会对幼儿做不当的导向，如父母感情确已破裂，勉强在一起生活会对父母子女都造成极大的不良影响，此时一家人该不该分开？让幼儿讨论与其年龄极不相称的话题肯定是有问题的。）

②通过这个故事，幼儿能获得的最有价值的东西是什么？

（3）从该故事中幼儿可能获得的有价值的东西。

①认知方面：周围生活中更多的关于物体形状方和圆的知识经验、直接感受。

相对或相反关系的比较——如方脸和圆脸、方桌凳和圆钉子，延伸到类似关系，如高个子与矮个子、大眼睛与小眼睛等。

方形和圆形的不同组合——方方的被子圆圆的绣花、方方的菜刀头和圆圆的刀柄等。

方形和圆形的相互代替、相互转换。

②情感态度方面：每个人都有自己的喜好，但是也要尊重别人的喜好。

"家"是自己的，一个人不可以没有家。

一家人有时会吵架，但是常常很快就好起来了。

一家人在一起，开开心心过日子就是好。

（4）如何改进活动的设计和实施。

①如果教师能把握活动材料的教育价值，对上述认知和情感中的任何数条（一般为两条）有价值的东西做组合，成为教育活动的目标，那么就会成为很有意义的教育活动。

②建议将此故事设计成一个主题网络活动。通过对同一题材的多次相互联系的教育活动，分解教育目标，充分挖掘故事各方面教育意义的价值。每次活动都各有侧重任务，故事、阅读、讲述、谈话等多种语言教育方法结合，课内专门教育活动和区域个别活动相结合，综合整合语言和数学领域、社会领域、艺术等其他领域教育活动。

例如，某次活动偏重语言，某次活动又向数学稍稍倾斜，另一次活动则可能重在体会故事中人际关系、情感，有社会活动色彩，还可以通过围绕故事人物特征的手工制作、绘画、体现人际情感的表演，从各方面多角度加深幼儿对故事的感性体验、直接经验。

改进后的活动方案如下。

1. 活动目标

（1）知道每个人都有自己的喜好，但是也要尊重别人的喜好。

（2）知道一家人有时会吵架，但是常常很快又和好。

（3）大胆在同伴面前表述自己的看法，语言力求口齿清楚、表述流畅。

2. 活动准备

方脸和圆脸背景图。

3. 活动过程

（1）引子。

教师：每个人都有家，小朋友有家，老师也有家。请你们说说，家是什么？

教师：我们来看看这个家里有谁？

（2）讲故事，说说老公公和老婆婆为什么分家。

①教师讲故事：从"山脚下……"到"……那就分吧"。

②教师：找一找，哪些东西是方的，哪些东西是圆的。

③教师：老公公和老婆婆为什么分家？

（3）讲故事，说一说老公公和老婆婆能不能分家。

①继续讲故事从"……站在院子里一看"到"袖子是圆的"。

②教师：他们能不能分家？引导幼儿关注他们分了一上午，越分越分不清楚。

（4）一家人在一起才开心。

①继续讲故事直到结束。

②教师：他们分家了没有？为什么？

③教师：一家人有时会吵架，但是常常很快又好起来了。一家人在一起，开开心心过日子才快乐。

（5）讨论：在你家里，爸爸妈妈或爷爷奶奶有没有吵过架？后来又怎么样了？

（6）结束。

教师：每个人都有自己喜欢的东西，但是，要知道别人也有自己喜欢的东西。一家人不要为这样的事情吵架。一家人在一起，开开心心过日子才快乐。

4. 教师反思

一个活动材料往往具有很多教育价值的内涵，教师要思考如何挖掘材料中最有价值的东西，并将它们中的部分作为教育目标。教师设计教育活动的成功与否，与教师能否准确挖掘这些有价值的东西密切相关。教师只有具备了这些"基本功"，所涉及的教育活动才会有教育意义，否则，教师设计的教育活动对幼儿会是无意义，甚至是有害的。例如，让中班幼儿对"一家人在一起吵架时是分家好还是不分家好"展开讨论，对幼儿来说不但没有意义，而且是有害的。

（资料来源：张明红. 幼儿语言教育与活动指导[M]. 上海：华东师范大学出版社，有改动）

方脸和圆脸——B版

1. 活动目标

（1）初步理解故事内容，知道物体有方有圆，轻易分开就不能使用，知道人与人要和和气气才会幸福美满。

（2）体验角色情感，激发幼儿想说敢说的愿望，发展幼儿的扩散和逆向思维。

2. 活动准备

（1）大教学挂图一幅（画有房子、方杯子、方凳子、圆桌子、方被子、刀、南瓜、衣服、圆镜子）。

（2）方脸老公公、圆脸老婆婆图片各一幅。

（3）故事磁带、录音机。

3. 活动过程

（1）看看、想想、说说，初步理解故事内容。

①教师以设问的形式导入活动，吸引幼儿注意，激发幼儿兴趣。

师：山脚下住着一户人家，我们一起来看看这户人的家里都有哪些东西？
②出示大教学挂图，引导幼儿观察这户人家都有哪些方的和圆的东西。
师：哪些东西是方的？哪些东西是圆的？
师：那这么多东西到底是谁的呢？
③出示方脸老公公和圆脸老婆婆图片，讲述老公公和老婆婆的外貌特征。
师：原来是一个老公公和一个老婆婆的。
师：看看老公公和老婆婆长什么样啊？
师：老公公高高的个子，挺瘦，长着方脸盘儿；老婆婆矮矮的个子，挺胖，长着圆脸蛋儿。
④教师完整讲述老公公和老婆婆的喜好。
师：方脸老公公喜欢方东西……圆脸老婆婆喜欢圆东西……
师：有一天，老公公和老婆婆吵架了，要分家。
⑤引导幼儿思考老公公老婆婆该不该分家，说说道理，鼓励幼儿体验角色情感。
师：两个人吵架了，说要分家，你们说分好还是不分好？为什么？
a. 幼儿自由讨论，教师巡回个别指导。
b. 教师请个别幼儿讲述自己的想法，并说明理由。
师：如果是你们的爸爸妈妈吵架了，也像他们一样要分家，你们会怎么样？
师：那到底他们有没有分呢？
⑥教师讲述故事到"老公公说：方的东西是我的！老婆婆说：圆的东西是我的！"，教师设置提问，引导幼儿思考这些有方有圆的东西怎么分，让幼儿知道这些东西分也分不清楚，圆的东西中有方的，方的东西中也有圆的。
师：那现在老师要问问你们，老公公说方的东西是他的，老婆婆又说圆的东西是她的，那谁能告诉我这些又有方又有圆的东西怎么分？（幼儿自由讨论回答）
师：如果硬是分开会怎么样？（幼儿自由讨论回答）
师：那还能不能分啊？
师：那既然分也分不清楚，还是劝他们不要分了。
⑦教师带领幼儿一起喊：老公公老婆婆，你们不要分！
⑧师：那到底他们有没有分呢？我们一起来听一听！
（2）完整欣赏故事，懂得简单的道理。
①师：故事《方脸和圆脸》。
②幼儿完整欣赏故事后，教师提问。
师：现在谁能告诉我他们到底分了没有？
师：为什么他们不分了？（幼儿自由讨论回答）
师：老公公的脸盘是方的，可眼珠是圆的。老婆婆的脸蛋儿是圆的，可门牙是方的。你们说这怎么分啊！
③教师引导启发幼儿思考：听了这个故事，你懂得了什么道理？

幼儿自由讨论，然后请个别幼儿回答。

教师总结：是啊，生活中的物体每一部分都有各自的用处，他们都是相互联系相互依偎的，就像方脸公公和圆脸婆婆不能分家一样，缺了一样，就发挥不出它的作用。一个家也一样，爸爸、妈妈和孩子，还有我们大家都要和和气气，生活才会幸福美满，你们说是吗？

（3）迁移经验，发展扩散和逆向思维。

①教师引导幼儿思考：我们的教室和生活中什么东西也是有圆有方的？分开会怎么样？

师：现在我要问问你们了，在我们平时的生活中，家里、幼儿园或者大马路上有哪些东西是又有圆又有方的？

师：如果分开了会怎么样？

②教师带领幼儿讨论：如果世界上的东西都变成方的会怎么样？都变成圆的会怎么样？

③画方的世界或圆的世界。

师：那现在我们就一起出去看看我们的幼儿园里都有些什么东西，看看哪些是方的，哪些是圆的，哪些是又有圆又有方的，想想如果把这些东西都变成方的或都变成圆的会怎么样，然后我们来把我们想象中的方世界或圆世界画出来，好吗？

师：跟着林老师一起出来吧。

④教师带领幼儿出活动室，活动结束。

（资料来源：http：//www.sdchild.com/kcyj/zhjx/2013-01-10/25375.html，有改动）

方脸和圆脸——C版

1. 活动准备

《方脸和圆脸》背景图，前期家具的熟知。

2. 活动目标

（1）愿意积极参与讨论故事情节并清晰地表述自己的想法，从而理解两故事人物分与合的心理变化。

（2）体会一家人在一起和睦、开心地生活才是快乐。

3. 活动过程

（1）谈话导入。

①老师请来了两位朋友？（老爷爷、老奶奶）

②给他们取个名字，（方脸爷爷和圆脸奶奶）

（2）讲故事，找出方和圆。

①"山脚下住着一户人家"到"好，就这么定啦，分吧。"

②请小朋友帮忙找一找，看看哪些东西是方的，哪些东西是圆的。幼儿找好后，请幼

儿到前面说说。（思维清楚）

③你们真聪明，都帮老公公和老婆婆找到了他们各自的东西。

（3）引导幼儿讨论"是分好还是不分好"。

①那么老公公和老婆婆是怎么分的呢？"老公公站在院子里一看"到"裙子是方的，袖子是圆的！"

②这可怎么办呢？他们老两口分了一上午，越分越分不清。请小朋友帮帮他们，你觉得方和圆分得开吗？桌子和钉子能分开吗？为什么？（大胆表述）

③那老公公和老婆婆能分开吗？为什么？幼儿讨论。（举牌互动）

（4）一家人在一起才开心。

①小朋友们都替老公公和老婆婆想了办法，有同意分的，有不同意分的。"老两口再互相一看，又发现……"到结尾。

②"老公公和老婆婆分开了吗？"（没有）为什么呢？（引导幼儿讲出一家人在一起才开心）

③原来一家人在一起开开心心得才快乐。

（5）开心的家，温暖的家。

①这里还有三个家，你们看看，觉得他们开心吗？原来是××的家。你们怎么看出来他们很开心？××小朋友你们家开心吗？那以前有没有不开心的事情啊？原来只要我们相亲相爱就会永远开心的。

②第三个家你们猜会是开心的家吗？是哦。那么又会是哪个小朋友的家呢？想想你们家人是不是相亲相爱？或许第三个开心的家就是你的喔！

《方脸和圆脸》课后反思如下。

小朋友他们的思维是具体形象的，在学习过程中要着重感知事物的明显特征，容易形成定势。然而几何图形的认识往往过于单调、抽象。因此，教师在教育内容的选择上，既要贴近幼儿的生活，这不仅是幼儿感兴趣的事物和问题，也要有助于拓展幼儿的经验和视野。

于是，今天我开展了一个语言教学活动《方脸和圆脸》。

活动目标如下。

（1）理解故事的主要内容和情节，感受故事的幽默，知道物体有方有圆，各有用处。

（2）乐意观察，大胆表述对周围物体形状的认识。

首先出示挂图，请幼儿观察挂图，激发幼儿的兴趣：山脚下住着一户人家，大家一起来看看这户人家住着谁？老公公和老婆婆长得怎么样？然后我完整地讲述故事第一遍，请小朋友讨论：方脸老公公和圆脸老婆婆各喜欢什么东西？故事熟悉后逐一出示挂图，再次完整讲述故事，帮助幼儿理解故事内容。

请小朋友说说：老公公和老婆婆吵架要分家了，他们各自想要什么？老公公和老婆婆到底分家了没有？为什么他们不分了？然后请小朋友阅读《小朋友的书·让我试一试》第13~16页"方脸和圆脸"，鼓励幼儿相互交流阅读的感受。最后幼儿说说在周围环境中还有哪些物体是方的、圆的？在我们周围还有哪些东西有圆也有方？分开会怎么样？我还看到过什么形状呢?

整个故事非常有趣味性,幼儿的注意力一直紧跟着老师没有转移过,而且在活动设计中,每个环节设计的问题都有循序渐进的效果:第一个环节中,教师的提问是为了启发幼儿观察老公公和老婆婆的主要外貌特征——老公公挺瘦,长着长脸盘;老婆婆挺胖,长着圆脸盘。在第二个环节中,教师的提问更是让幼儿懂得了圆有圆的用处,方有方的用处,就像方脸老公公和圆脸老婆婆不能分家一样,方和圆缺了哪一样,就发挥不出它的作用。而最后一个环节,则是对整个活动的一个延伸。通过趣味性的故事更是让幼儿区分开了圆形和方形,而且在寻找周围环境中的物体形状时,也了解到了其他几个图形,通过自己的观察和老师的讲解,幼儿在活动结束后在脑子中也形成了一定的图形概念。因此,本次活动开展得非常成功。

作业:仔细阅读以上关于同一文学作品的三个不同活动方案,体会各自优缺点,并在班内试讲其一。

【案例设计6-4】续编故事(中班)。

想生病的小狗

设计思路:让幼儿根据自己的理解和想象及已有的生活经验,按情节发展的顺序排列图片,并用连贯的语言大胆合理地进行讲述,这是设计本活动的主要意图,同时培养幼儿的想象力、创造力和口语表达能力,锻炼幼儿在集体面前自然大方讲话的能力。

1. 活动目的

(1)引导幼儿按情节发展的顺序排列图片,并用连贯的语言进行讲述。

(2)培养幼儿的想象力、创造力。

(3)鼓励幼儿为故事(结尾)创编多个不同的结尾。

2. 活动准备

(1)一组不按情节发展顺序的连续画(4幅)。

(2)幼儿学具每人一套,图片若干套,大挂图一套。

3. 活动过程

(1)激趣导入。

①幼儿随音乐模仿各种动物的动作,进入活动室。

②师幼互动游戏"谁的眼睛亮",复习巩固动物的名称。

师:老师知道小朋友喜欢小动物,并喜欢与它们交朋友,对吗?这是谁呀?(出示小狗,先出示汉字后出示图片)小朋友都认识小狗,你们知道这里还有一个好听的小故事呢,这个故事就藏在小朋友的图版下,请小朋友打开看一看。

(2)观看图片,给图片排序。请小朋友认真观看图片,然后按顺序把它排好,贴在图板上,并编出一个好听的小故事。

①幼儿观看思考,排列图片,教师巡回指导。

②个别讲述（找能力强的幼儿进行讲述，教师可适当地进行指导）。

（3）幼儿讲述自己创编的小故事。

①分组讲述故事。教师参与其中，了解幼儿的讲述情况。

②集体讲述。

根据刚才小组讲述的情况，将幼儿排列图片投到大屏幕上，找出表达较好的幼儿进行讲述（每组至少一名）。

③根据幼儿讲述情况进行分析总结，让幼儿对自己的情况有一个了解认识，并重点强调讲述要求，讲解故事发生的时间、地点，发生了一件什么事情。

（4）欣赏范例。

过渡：小朋友讲的真不错，老师也编了一个好听的故事，请大家来听一听，老师编得和你编得哪里不一样。

①观看老师排列顺序，找出与自己不同的地方。

②欣赏配乐故事《想生病的小狗》。

（5）设想故事结尾。

师：小朋友动脑筋想一想，小狗最后会怎样呢？（鼓励幼儿大胆想象）

请幼儿把自己想好的结尾编到故事中，互相交流讲述。

①分组讨论交流，讲述故事结尾。

②画出故事结尾。

师：小朋友的想法真不错，愿意把它画下来吗？

③相互交流。

注：此环节是在大部分幼儿完成后，自由结伴进行交流。

（6）完整讲述故事。

师：前面咱们小朋友都编出了一个好听的小故事，现在你愿意将你的结尾编到故事里，完整地讲给大家听吗？

4. 活动延伸

（1）幼儿相互交流自己编的故事。

（2）简单小结，对孩子的成绩给予肯定，让幼儿明白狗为什么生病，小狗的妈妈又是为什么生病。

（3）请幼儿将图版纸挂在活动室能看见的地方，自由结伴讲述。

（资料来源：https://wenku.baidu.com/view/c6268e9f581b6bd97e19ea66.html，有改动）

【案例设计6-5】《小蝌蚪找妈妈》（适用于中班）。

1. 活动目标

（1）让幼儿理解、熟悉故事内容，并能看图复述故事。

（2）感受妈妈们的热情和关怀。

（3）通过故事，让幼儿了解小蝌蚪变青蛙的过程。

2. 活动准备

（1）头饰：青蛙、小蝌蚪、鸭、鱼、乌龟的头饰。

（2）池塘（提供绿色彩带）。

（3）幼儿操作用图片两幅。

（4）教学软件一片、幻灯片、故事录音磁带。

3. 活动过程

（1）引导语：小朋友们都见过小蝌蚪吧，现在小蝌蚪长大了，它们要去寻找自己的妈妈。让我们一起来看看小蝌蚪是如何找到自己的妈妈的。

（2）教师展示幻灯片，引导幼儿谈谈小蝌蚪会遇到谁？它们会说些什么？

（3）提供材料，让幼儿看图编故事。

①按照图书顺序编故事。

②按照幻灯片顺序编故事对话。

③提供图片，让幼儿在操作板上进行排图讲述。

（4）集中幼儿，请1~2名幼儿介绍自己编的故事。

（5）组织幼儿看VCD，一起倾听故事。

（6）听完故事后教师提问已设计好的问题。

①蝌蚪为了找妈妈，向谁去打听？

②小蝌蚪看到鸭妈妈，是怎么询问的？故事中的小蝌蚪和妈妈们对话时都使用了哪些礼貌用语？这有什么好处？

③动物妈妈们的外形特征有哪些不同之处？

④鸭妈妈是如何描述青蛙的样子的？它说的完整吗？

⑤最后小蝌蚪在哪儿找到了妈妈？你能说说它们的妈妈是什么样儿的？有什么本领？

（7）集体边看VCD边学习复述故事，重点让幼儿掌握故事中人物的对话，幼儿复述时要启发幼儿通过不同语调/速度/音色/节奏表现妈妈们的不同形象。（例如，乌龟妈妈比较憨厚；大白鹅速度较快，嗓门大。）

（8）小蝌蚪找不到妈妈心情是怎么样的？你如果找不到妈妈会怎么做？

（9）小蝌蚪怎么找妈妈的，我们知道了，在找妈妈的一个多月的时间里，小蝌蚪是如何长成青蛙的呢？组织幼儿看教学课件。

（10）分组活动。

①边听故事录音磁带边表演故事。

②看图讲故事。

③看VCD讲故事。

4. 课后反思

在活动开始时，让幼儿模仿小蝌蚪的游动，用身体动作感知和体验蝌蚪的不同动态，为后面的绘画环节做好铺垫。在课件的运用上，能调动幼儿的情绪，在帮助小蝌蚪找妈妈的过程中幼儿的情感体验得到升华，加深幼儿对亲情的感受。运用不同的提问方式可以推动幼儿运用已有经验进行互动,师生共同探索小蝌蚪的外形和游动的不同方向,能关注师生之间和谐的关系。

在活动中,利用大屏幕展示作品更便于幼儿观察,满足孩子的心理需要,感受自己的作品受到重视。在讲评活动中也便于全体幼儿共同观察、共同评价。在讲评中要尊重孩子,虽然他们年龄小,但是应让他们通过简单的自我评价和他评两种方式,学会发现自己和别人的优点。

在作画前应让孩子知道蝌蚪的一些知识。

(资料来源:https://wenku.baidu.com/view/9ae954bba76e58fafab003b3,有改动)

第三节 学前儿童诗歌、散文教学

儿童诗歌和散文都分行分节,有明显的韵律感和节奏感,使用拟人、象征、比喻、夸张、反复等修辞手法,语言精练、意境优美、想象丰富、画面感强,读起来朗朗上口,便于诵读吟唱,充满童趣,具体包括诗歌散文欣赏、编创、仿编、绕口令、谜语教学等形式。

一、学前儿童诗歌散文教学的选材要点

1. 一般要点

(1)题材广泛,充满童趣。题材要多样化,既有生动有趣的叙事诗,也有抒情诗;既有现代诗,也可选浅显优美的古诗。

(2)构思巧妙,富有想象力。学前儿童喜欢的诗文,不仅要朗朗上口,极具语言美和艺术美,还要奇思妙想、生动有趣,想象奇特美好,能从儿童的独特视角观察世界,充满童真童趣,如《小老鼠》《小蜗牛》等。

(3)符合儿童已有经验水平。由于诗歌本身具有含蓄美、跳跃美,语言多凝练简洁,语义跨度大,因此教师引入的诗歌要在主题、情节、内容等方面符合儿童认知发展水平,结合其已有的生活经验,儿童才容易理解和便于感受。

2. 各年龄班选材要点

(1)小班:以儿歌为主,篇幅短小,主题集中,含一个画面;语言形象要生动活泼、押韵上口、构思巧妙。

小白兔

小白兔,白又白,
两只耳朵竖起来,
爱吃萝卜爱吃菜,
蹦蹦跳跳真可爱。

（2）中班：以儿歌、儿童诗为主；画面一个以上，篇幅比小班稍长；语言要丰富多彩，多用重复结构。

听

闭上眼睛，听小草的声音。

闭上眼睛，听花开的声音。

闭上眼睛，闭上眼睛，听夏天向我们告别的声音。

"闭上眼睛"一句反复多次，重复的语音结构容易唤起儿童对优美语音的感受。

（3）大班：题材广泛，篇幅较长，画面丰富，表现方式多样。

春天

春天是一本彩色的书——

黄的迎春花，

红的桃花，

绿的柳叶，

白的梨花……

春天是一本会笑的书——

小池塘笑了，

酒窝圆又大，

小朋友笑了，

咧开小嘴巴……

春天是一本会唱的书——

春雷轰隆隆，

春雨滴滴答，

燕子唧唧唧，

青蛙呱呱呱……

二、学前儿童诗歌、散文活动过程的设计

（1）导入：设置情景，引出作品。

（2）教师示范朗诵诗文。

（3）帮助儿童理解诗文。

①教师通过音乐、挂图、多媒体课件等教具，帮助儿童理解诗歌。

②通过三层次提问帮助儿童理解诗歌。

③理解难懂的字、词、句。

④理解诗文的情绪和情感。

⑤理解诗文的表现形式。

（4）学习朗诵诗文。

（5）围绕诗文主题开展相关活动。

①诗歌表演游戏。

②配乐朗诵。

③绘画。

④唱诵。

⑤诗文仿编续编。

让儿童通过自己生动多样的操作活动更好地体验作品。

三、学前儿童诗歌散文仿编

一些诗文内容生动、有固定格式、多重复结构、与儿童生活联系紧密，儿童熟悉其描述的事物间关系，可以组织儿童仿编。

1. 各年龄班仿编指导

（1）小班：换词，换局部画面。

春风

原作	仿编
春风一吹，	春风一吹，
芽儿萌发	芽儿萌发，
吹绿了柳树，	吹绿了小草，
吹红了山茶，	吹红了桃花，
吹来了燕子，	吹来了蝴蝶，
吹醒了青蛙，	吹醒了乌龟，
吹得小雨轻轻地下，	吹得小雨轻轻地下，
孩子们河边去种瓜。	孩子们河边去种瓜。

仿编作品整体画面没有变化，只是局部内容不同，教师重点放在画面局部变化的理解上即可。

（2）中班：换系列词，画面变化的想象与表现。

吹泡泡

原作	仿编
星星是月亮吹出的泡泡，	太阳是蓝天吹出的泡泡，
露珠是小草吹出的泡泡，	浪花是大海吹出的泡泡，
葡萄是藤儿吹出的泡泡，	苹果是果树吹出的泡泡，
我吹出的泡泡是一首首歌谣，	我吹出的泡泡是一首首歌谣，
是一串串欢笑。	是一串串欢笑。

仿编作品画面有变化，但与原作品主题和情感基调一致，教师重点放在画面变化的想象和表现上即可。

（3）大班：换画面，新画面的理解。

春天在哪里

原作	仿编
春天在哪里呀？春天在哪里？	春天在哪里呀？春天在哪里？
春天在那小朋友的眼睛里，	春天在那小朋友的耳朵里，
看见红的花呀，看见绿的草，	听见鸽子叫呀，听见鸡儿啼，
还有那会唱歌的小黄鹂。	还有蜜蜂在采蜜。
滴沥滴沥滴沥沥，	滴沥滴沥滴沥沥，
还有那会唱歌的小黄鹂！	春天在小朋友的耳朵里！

通过仿编，画面发生了大变化，但诗歌的主题和情感基调仍然没有变化，教师应引导幼儿对新画面的理解。

无论是哪个年龄班的仿编，重点都在儿童创造性想象上，不必苛求替换词的押韵。

2. 仿编诗歌的基本环节指导

（1）在幼儿仿编前教师做好相应的准备工作：引导幼儿学习诗歌；引导幼儿讨论诗歌，找出诗歌中的固定句式、情感基调等。准备相应的仿编教具，唤醒和拓展幼儿相关生活经验，引导儿童展开丰富的联想和大胆的艺术想象。

（2）教师示范仿编。

（3）引导幼儿部分仿编：教师启发幼儿展开分组讨论，并做好相应句子的串联和修改，快速做好记录，用录音或绘画方式记录，形成一首完整的新诗文。

（4）激发幼儿对文学创作的浓厚兴趣和自豪感，教师引导幼儿学习自己新仿编的作品。

四、诗歌散文活动的组织方法与指导要点

（1）积累相关知识、生活经验。

（2）与各种活动相结合，注重通过多种方式帮助儿童理解诗文。

（3）把握不同年龄儿童的活动特点，有针对性地进行仿编。

（4）留给学前儿童艺术型建构语言的尝试空间。

【例6-1】诗歌《谁和谁好》（中班）。

1. 活动规则

找到的两个朋友必须和别人不同。

2. 活动重点

能用完整的语句表达各种关联。

3. 活动目标

（1）鼓励幼儿大胆想象，尝试为生活中各种常见的事、物找关联。

(2)能遵守游戏规则,体验竞赛游戏的快乐。

4. 活动准备

"谁和花儿好?"PPT、卡片若干(柳树、鸟、录音机、电话、太阳、牛奶等)。

5. 活动过程

游戏一:谁和花儿好?

玩法:幼儿为花儿找10个不同的朋友。找对了,每一片花瓣的颜色就会变,最后成为一朵美丽的花。

规则:必须为花儿找不一样的10个朋友。

重点:引领幼儿大胆想象寻找不同的事物和花儿做朋友。

游戏二:谁和谁好?

玩法:幼儿分成两队比赛,看哪一组能在卡片中寻找到多种关联,得卡片数多的队获胜。

儿歌《谁和谁好》适合4~5岁的中班幼儿。

谁和谁好?

谁和谁好?藤儿和瓜好,
它们手拉手,不吵也不闹。
谁和谁好?蜜蜂和花好,
蜜蜂来采蜜,花儿仰脸笑。
谁和谁好?我和小朋友好,
大家唱起歌,一起上学校。
谁和谁好?

(资料来源:http://www.age06.com/Age06.Web/Detail.aspx?InfoGuid=d3a36d59-1e14-4a34-ac18-91c89887bf69,有改动)

游戏与教学没有界限——观徐则民老师游戏《谁和谁好》有感

人们经常有一种习惯,一段时间会对一些东西所着迷。例如,看了电视剧会再看电影,还要看原著;一段时间一直观摩应彩云的课;这段时间一直关注徐则民的游戏。不知是好习惯还是坏习惯,总之人们喜欢这样做。

今天在网上找到了徐则民的游戏视频《谁和谁好》,一个看似非常简单的语言游戏。目标非常明确,根据生活经验、扩散思维找到两种事物之间的联系,并用连贯的语言表达。

这个活动将孩子们自己分成两组,然后数人数,并且把"排头、排尾"的概念告诉孩子,并用报告的形式说出数数的结果。简单、自然的背后,是教育的有效与无痕。

材料的提供非常简单。第一层次的活动只有非常简单的电脑课件。10个花瓣的花朵,孩子说对一次"谁和谁好,××理由"就开出一个花瓣的颜色。教学的目标很明确,游戏的气氛很浓。第二层次的活动，材料是 27 个图案牌。图案只是黑白的简笔画。

设计的环节非常简单，但意图清晰。活动一就是"谁和花好"的环节。孩子们积极调动生活经验，把花的好朋友一一说出来。

老师的作用很明显，帮助孩子提升。在活动一中，徐老师帮助孩子在语言方面有所提升，不恰当的用词由老师规范，表达不清的理由由老师进行梳理。活动二中，徐老师把不同的机会给不同的孩子。刚开始卡片配对是简单的，越往后越难。对孩子们不着边际的理由，徐老师果断否定。"小鸟和牛奶有关系吗？它能送牛奶吗？"促使孩子重新思考。

徐老师的游戏教学目标明确，游戏气氛很浓！

（资料来源：http：//www.bokee.net/company/weblog_viewEntry/9196927.html，有改动）

翻版课活动设计方案《谁和谁好》

本设计方案适合中班幼儿。

一、活动由来及设计思路

通过《黑白配》活动，可以发现孩子们喜欢将身边的事物进行配对，找出了生活中许多一对对的好朋友，但仅限于原活动中的句式。如何既能满足幼儿的求知欲，又能拓展幼儿的经验呢？《谁和谁好》其实暗示着孩子们去发现世间万物之间的一种关联，为了让幼儿感受这种关联，特仿编了本次游戏活动，希望孩子们的语言技能可以在游戏中得以发展。

二、活动目标

（1）鼓励幼儿大胆想象，在理解儿歌《谁和谁好》的基础上，尝试在不同事物之间找关系。

（2）能遵守游戏规则，体验竞赛游戏的快乐。

（3）仿编儿歌句式。

三、活动准备

（1）垫板卡片 9 种，每种 2 份。

（2）《花儿找朋友》PPT。

（3）小卡片（与垫板卡片数量相同）18 张、2 张展示牌、记号笔。

四、活动过程

（1）经验回顾，复习儿歌《谁和谁好》。

①根据儿歌内容提问：儿歌中说到有一种动物会和花好，是谁呢？花还想找到更多的好朋友，你们能帮助它吗？

②引导幼儿思考，激发幼儿游戏兴趣。

通过此环节帮助幼儿回忆儿歌内容，并为接下来的游戏活动做好铺垫。

（2）经验提升，游戏一：《花儿找朋友》。

①教师交代游戏规则：除了蜜蜂之外，还有谁会和花好呢？

②出示 PPT——没有颜色的花，请幼儿帮忙为花找到 5 个好朋友，使花瓣变出颜色，最后成为一朵漂亮的花。

这一环节主要是帮助幼儿对已有经验进行再次提升，引导他们通过一个事物联想到其与多个事物的关联，起到了举一反三的效果。

（2）经验展开，游戏二：《谁和谁好》。

师：今天，我还请来了许多客人和你们一起玩游戏，来看看都是哪些客人吧！

①出示垫板卡片，两个一组，找不同事物之间的关系。

②要求幼儿根据现场人数分成两组，学会清点本组成员人数，并为自己小组取名（知道排头和排尾的意思，加强幼儿点数经验）。

③交代游戏规则：两组幼儿轮流在这些垫板中找出认为可以成为好朋友的两块垫板，并说出它们为什么好？理由充足，垫板就归自己小组的排头保管（丰富词汇理解：轮番回答）。

④要求幼儿在游戏中会用仿编儿歌的句式回答。

⑤计算自己小组的垫板数，宣布比赛结果。

在这一环节中，首先通过对排头和排尾的认知增强幼儿的团队意识，同时渗透数学中的点数技能，让幼儿理解游戏中比赛的公平公正原则。最重要的是，幼儿在前一次游戏中积累新的经验之后，在本环节中将已有经验展开，试着在不同事物之间找到关联，从而产生更多新的经验，也创编出了新的儿歌。让幼儿在层层递进的游戏中得到发展。

（资料来源：根据徐则民课堂教学实录和说课视频整理）

第四节　学前儿童谜语、绕口令教学

一、学前儿童谜语教学

1. 释义

谜语是特殊的诗歌，常以五字句或七字句构成四句儿歌，常用比拟手法，综合描述某一事物或现象的明显典型特征，如形状、颜色、声响、气味、动态、性质、用途等，而隐藏起名称，让儿童猜测。它既有诗歌语言通俗简练、押韵上口的特点，也是有趣的智力游戏材料，能开启儿童心智，训练思维。

谜语对儿童发展的意义重大：谜语能丰富幼儿知识，开阔眼界，提高其语言和思维的概括性、准确性，发展观察力、想象力、思维能力与语言表达能力。其趣味性、智力挑战性、游戏性能充分激发儿童求知欲，满足其好奇心，让儿童体验成功的快乐，达到玩中学、学中乐的境界。

2. 猜谜教学的设计和组织要点

（1）情境导入，引起儿童猜谜的好奇心和求知欲。

（2）知道猜谜的具体方法。教师介绍谜语由谜面和谜底两部分组成，要求仔细聆听每个字、每句话，将几句话连起来思考，谜面的每句话都要与谜底吻合、呼应，应把每一句的特征综合起来判断。

（3）教师示范猜谜语，引导幼儿将谜底与谜面的每一句话逐句对应、检验。

（4）教师引导学前儿童猜谜。

（5）记忆谜面儿歌。

（6）用同样方法出示2~3个儿歌，引导学前儿童猜谜。

（7）教师小结，在儿童保持猜谜浓厚兴趣情况下，引导儿童在日常生活中继续猜谜活动。

3. 编谜教学的设计和组织要点

因编谜需要儿童有一定的智力水平、生活知识经验、语言表达和思维的概括能力，所以主要在大班开展。

（1）教师引导儿童认知谜语特点。

（2）教师示范编谜语。

（3）教师出示谜底，引导幼儿编谜。

（4）教师引导儿童欣赏、背诵自编谜语。

二、学前儿童绕口令教学

绕口令是由语音相近且容易混淆的字、词、句子组成的一种练习发音的儿童游戏儿歌。其特点如下：内容和形式都比较生动活泼、诙谐幽默、形象有趣；由语音相近或容易混淆的字构成，句式工整；朗读速度要快、准确、流畅。

绕口令能帮助儿童练习正确发音，训练儿童辨别汉字读音、区别近似音和吐字清晰的技能技巧。帮助学前儿童矫正唇、齿、喉等发音部位和口型，矫正儿童口吃等语言障碍。训练语言和思维的敏捷性。

绕口令的选材要点如下。

（1）根据地域特色选材，以纠正语言发音。

（2）根据学前儿童的年龄特点和本班幼儿的实际情况选材。

绕口令的教学指导环节如下。

（1）教师做好准备，自己熟练说好所教绕口令，或准备录音，做好相应的教玩具准备。

（2）设置情境导入。

（3）教师示范朗诵，用正常语速读准相似音，吐字清晰，富有情感。

（4）帮助儿童理解绕口令所描述的内容。
（5）引导幼儿练习绕口令。
（6）围绕绕口令展开相应的活动，如朗诵比赛等。

大班综合活动设计《老鼠娶新娘》

一、活动目标

（1）理解故事内容，知道故事含义，明白任何事务、人物都不是完美的，都是有缺点的。
（2）喜欢自己的长处和别人的长处，承认自己的短处，学习扬长补短。
（3）体验婚嫁带来的喜悦气氛和抬轿子游戏带来的乐趣。

重点：理解故事内容，明白没有人是最强的道理，从而能够意识到自己的长处和短处。

难点：懂得扬长补短。

二、活动准备

（1）一段欢庆音乐。
（2）《老鼠娶新娘》系列图画。
（3）一段故事背景音乐。
（4）汉字卡片：太阳——照；乌云——遮；风——吹；高墙——挡；老鼠——打洞；猫——抓；扬长——补短。

三、活动过程

1. 导入

（1）先为大家播放一段音乐，让小朋友听这段音乐里人们会在做些什么事？
幼儿讨论高兴的事情，今天老鼠村也发生了一件高兴的事情！
（2）出示图片：花轿。
提问：什么时候会坐轿子？今天老鼠美叮当也坐上欧陆花轿，当了新娘。

2. 老鼠娶新娘

（1）美叮当要出嫁了，她要找一个世界上最强的新郎（出示循环图）。她找到了太阳、云、风、高墙、老鼠小阿郎、猫。你们觉得他们中间谁是最强大的新郎呢？为什么？
（2）美叮当到底会嫁给谁呢？我们来听听故事。
讲故事（边讲边演示图片，故事背景音乐轻轻响起）。
提问：你觉得在这个故事中谁是最强的新郎呢？他有什么本领？幼儿讲到谁就出示子卡。
小结：他们都有自己最强的地方，分别是×××，但是没有人是最强的。

（3）最强的你。

小朋友你们有最强的地方吗？我们把最强的地方称为长处，你知道自己的长处是什么吗？每个人都有长处，有长处，可真好，因为长处会让我们很棒。

（4）不强的你。

每个人都有自己最强的地方，但每个人也有不够强的地方，我们把不强的地方称为短处，你知道你的短处是什么吗？请2~3个幼儿回答。

你们能够知道自己的短处，真好，因为只有发现自己的不足，才能够进步！

（5）朋友圈。

我们都有长处和短处，今天老师带你们来玩一个朋友圈的游戏（用你的长处去帮助别人，你的短处请别人来帮助你，这就是扬长补短），出示字卡。

小结：每个人都有自己的长处和短处，当我们扬长补短，互相帮助时，就会变得很强大。

（6）美叮当的新郎。

世界上没有最强的人，那美叮当到底应该找谁当新郎呢？（可提示：找不到最强的，但可以找最喜欢的，谁最喜欢她呢？）美叮当嫁给了老鼠小阿郎，他们结婚了！看图片（结婚音乐起）。

3. 游戏：《抬花轿》

美叮当坐着花轿结婚了，我们也来玩抬花轿的游戏。

游戏开始：选一个女孩子当新娘，新娘抛绣球选新郎！请两个男生抬花轿，迎亲队伍出发了！

（资料来源：www.chinajiaoan.cn，有改动）

推荐此活动的理由主要包括以下几点。

（1）有效提问，让孩子正确地评价自己的能力和客观困难。自信是确立自己能力，有把握去完成所承担的任务，敢于追求目标的情感体验。《老鼠娶新娘》原本是一个带有浓浓生活气息的绘本故事，经过编者对教材的挖掘和设计，巧妙地寻找到了切入点，抓住绘本的中心思想及其精髓，通过几个有效提问，把"每个人都有自己的强项和弱项"的人性特点，通过这次教学活动让幼儿理解，让幼儿自豪地找出自己的强项。

（2）积极合作，真诚欣赏他人的强项。自信心强的孩子能在新的活动任务前不胆怯，能主动参加；讨论时能大胆发表意见，不轻易改变主意。活动中通过"抬花轿"这个游戏，让幼儿尝试与同伴积极合作，共同组队并讨论游戏的形式，提供让幼儿理解人与人之间和谐共处的教育平台。

（3）让孩子动起来，成为活动的主角。自主性即不依赖他人，不受他人的干扰与支配，自己思考、自我判断、自我行动。自主性是人的品格特征，也是人素质的基本核心，它体现在自身特性与社会特性两个方面，如主体性、主动性、上进心、判断力、独创性、自我控制、自律性、责任感等。在不知不觉中，孩子们成了故事的主角，大家说说自己的强项，说说同伴的优点，老师得心应手地建立起了师幼心灵互动的平台，以及师生互动之间的对话关系，呈现出相互作用、相互依托、平等交往、相映成趣的美好景象，揭示出"没有最强,只有更强;每个人都有强项,有了朋友的帮助,你会变得更强"的人生哲理。活动让教师真正成为孩子的伙伴,或者说是教师真正将孩子放在了平等地位。没有板起面孔训人,没有高高在上的指令,只有"小伙子,你真行!"的赞赏、"试试看,行吗"的鼓励。这都源于教师心里有爱,有对孩子的爱,有对这份工作的爱,这样才能克服很多消极的、不愉快的情绪,才能从教育中体会到快乐,也才能把快乐和爱播撒给孩子。

中班综合活动设计《猜猜我有多爱你》

一、活动目标

(1)倾听故事,感知可爱的小兔和妈妈之间真挚深切的母子深情。
(2)通过妈妈和小朋友面对面的表演与对话交流,体验母子和母女之情。
(3)在集体面前大胆地讲述自己对妈妈的爱,表达自己的情感。

二、活动准备

(1)绘本PPT。
(2)图片:星星、太阳、房子、围巾、西湖。

三、活动过程

1. 导入

认识书名。这本书的名字是什么?这本书中的爱字在哪里?其他的字可以不认识,但这个爱字一定要认识。

2. 阅读图书(PPT)

(1)这个故事讲的是谁和谁的爱的故事?
(2)我们一起听一听这个爱的故事。

晚上,小兔子该上床睡觉了,可是它拉着妈妈的耳朵不放,要它听自己说话,它对妈妈说:"妈妈,猜猜我有多爱你。"妈妈说:"这我可猜不出来。"小兔子把手张开,张到无法再张开说:"妈妈,我爱你有这么多。"妈妈一看,也把手张开,张到无法再张开说:"我爱你有这么多。"小兔子一看,哦,真多啊!

提问:小兔子用了一个什么动作说明对妈妈的爱呀?用了一个张开的动作,嘴里说:我爱你有这么多。谁来和妈妈比比谁的爱多?小兔子为什么要把手张开?(因为她爱妈妈)

小兔子把手伸得高高的说:"我爱你一直到我的手指头。"妈妈说:"我爱你一直到我的手指头。"小兔子一看,真高啊!小兔子又在原地拼命地跳说:"我跳得有多高,我就有多爱你。"妈妈说:"我跳得有多高,我就有多爱你!"

提问:小兔子又用了什么方法说明自己对妈妈的爱?用跳得方法边跳边说:"我跳得有多高,我就有多爱你。"用举手指头的方法说:"我爱你一直到我的手指头。"小兔子说着说着来到了哪里?它们看到了什么?花、山、树、小河、竹子……小兔子看到那么多的东西又说出了对妈妈的爱:"妈妈,竹子有多高,我就有多爱你。"你能把看到的东西比成对妈妈的爱吗?小草有多多,我就有多爱你;天有多高我就有多爱你;花有多漂亮我就有多爱你。

3. 谈话活动

教师出示图片,如星星、太阳、房子、围巾、西湖。你能用什么来说说看对妈妈的爱?小兔子说"围巾有多长,我就有多爱你。"妈妈说:"房子有多高就有多爱你。"说着说着小兔子累了,看着月亮说,"妈妈,我爱你从这里到月亮那里。"说着,小兔子睡着了,妈妈说:"傻孩子,妈妈爱你从这里到月亮那里,又从月亮那里回到这里。"这里的爱多吗?请把你的爱告诉你爱的人,你最爱谁呢?

四、课堂实录

应老师:起立,跟那么多老师招招手,嗨……对,谢谢!

众小朋友:与老师一起做动作,招手。

应老师:好,请坐。跟他们打好招呼了,(拍手)看看眼前这个人,眼前的,对,这个(用手指着自己)。嘿,眼前这个人,(走到一个小朋友面前示意他看自己)看我,好,孩子们,认识我吗?(拿凳子坐下)认识吧?

小朋友:应老师。

应老师:哦,有人知道……

众小朋友:应老师,应老师。

应老师:谁告诉你的?谁告诉你的?我们从来没见过对吧?不过没关系。今天应老师要和小朋友一起玩玩,听听故事,做做游戏,好不好?

众小朋友:好。

应老师:诶,今天应老师带来了一本书。你看(手举书本,示意电视屏上的画面),这本书上的字你们认识吗?字小了点,你看得清吗?认识吗?

众小朋友:认识。

应老师:认识。认识哪几个字?呃?

众小朋友:(小声说话。)

应老师:认识吗?呃,这个字认识吗(指着电视屏幕上的"我")?

众小朋友:我。

应老师:这个字认识吧?你(指着小朋友)!有人认识。这个是"你",这个呢?

众小朋友:有。

应老师:有。你不是也认识字吗?诶,认识字的人等会儿会这本书看得很好(扬着书本),很有意思。(指着电视屏幕)来,我有……什么字?

众小朋友:多。

应老师:多。不是全认识吗?这什么字?

众小朋友:爱,你。

应老师：对！（指着电视屏）我有多爱你。这个字什么字？

众小朋友：我。

应老师：诶，这个字什么字？

众小朋友：爱。

应老师：诶，好。我有多爱你。这两个字，猜猜是什么字？哦，是什么呢？

小朋友：猫猫。

应老师：猫猫啊？

众小朋友：（笑）

应老师：哦，倒是蛮像猫猫的，对。那个蛮像猫的，（动作）叫什么字？

小朋友：猜猜。

应老师：他说叫猜猜（手指那个小朋友），有人说叫猫猫。他（手指）说的对。这两个字念"猜猜"（指着电视屏）。好，这么多字当中，其他的字你都可以不认识，但是一定要认识这个字（指示），什么字？

众小朋友：爱。

应老师：对。一定要认识这个字，因为这是一个关于爱的故事。（扬起书本，用手指示）你猜猜，它是关于谁的爱的故事？谁的？看看封面。谁（环顾小朋友）？

小朋友：小白兔。

应老师：小白兔。还有吗？小白兔，除了小白兔还有谁？

小朋友：大白兔。

应老师：哦，大兔子。对，就是兔妈妈。小兔子和兔妈妈，这本书就是关于小兔子和兔妈妈爱的故事。这个故事说什么呢？我们仔细听听啊，好。开始了啊。（看视频，音乐响起）

应老师：故事，猜猜我有多爱你。晚上，小兔子该上床睡觉了，可是它拉着妈妈的长耳朵不放，要它听它说话。它说：妈妈，猜猜我有多爱你。妈妈说：呦，这我可猜不出来。小兔子说：我爱你有这么多（做动作，把手臂张开）。它把手张开，张到无法再张开。兔妈妈也把手张开，张到无法再张开（动作），说：我爱你有这么多。小兔一看，哦，那可真多呀。

孩子们，小兔子用了一个什么动作表示对妈妈的爱呢？

众小朋友：（做动作，把手臂张开）

应老师：用了一个什么动作表示对妈妈爱呢？

众小朋友：（做动作，把手臂张开）

应老师：这是什么？

众小朋友：把手张开。

应老师：哦，把手张开，张到无法再张开（动作），你张张看，起立。起立。

众小朋友：（立起来）

应老师：张张看，无法再张开，张开手还说什么？妈妈，我爱你有……

小朋友：这么多。

应老师：这么多。对，怎么说？我爱你有这么多。

众小朋友：我爱你有这么多。

应老师：好了，你们都张开了对吧，应老师来试试，我代表妈妈。妈妈也把手张开，张到无法再张开（动作）说：我爱你有这么多。孩子们，小兔子和兔妈妈为什么都要把手张开，张到无法再张开（动作）。

小朋友：因为它爱它很多。

应老师：哦，因为很爱你，因为爱很多，对吗。

众小朋友：对。

应老师：到底是小兔子的爱多呢，还是兔妈妈的爱多呢。谁敢跟我比比，谁把手张开（动作），张得大。谁来跟我比，谁敢？

小朋友：我敢。

应老师：哦，他要跟我比。把手张开，张到无法再张开。

小朋友：（做动作，把手臂张开）

应老师：已经张到后头去了啊。

众小朋友：哈哈（该小朋友准备回到座位）。

应老师：嘿，还没好呢，还没和我比呢。好，把手张开的时候还要说话的，做一个动作还要说话，你们帮他说，好吗？说什么，我爱你有……一起说啊。预备，起！

众小朋友：我爱你有这么多。

应老师：好，妈妈来了，妈妈来了。比比，我爱你有这么多（动作），谁的爱多？看……

众小朋友：他（坐着的小朋友指的是台上的小朋友）。

应老师：咦？比比谁的爱多？（做出姿势）谁的爱多？当然是我的爱多！随便比比也比你多。

众小朋友：（笑）

应老师：好，小兔子用了这个动作，还用了一句话说：我爱你有这么多。我们再来猜猜小兔子还会用什么方法表示对妈妈的爱。（音乐响起）小兔子把手伸得高高的（做动作，把手臂举高），说：妈妈我爱你一直到我的手指头。妈妈也把手伸得高高的（动作）说，我爱你一直到我的手指头。小兔一看，哦，那可真高啊。小兔子又在原地一蹦一跳地说：妈妈，我跳的有多高，我就有多爱你。妈妈也在原地一蹦，蹦得老高，说：我跳的有多高，我就有多爱你。小兔一看，哦，那可真高啊。

孩子们，小兔子又用了两个什么方法表示对妈妈爱呢？

众小朋友：（做动作，把手臂举高）

应老师：什么？说出来。

众小朋友：把手举高（动作）。

应老师：把手举高，做了一个动作，还要说话，既要有动作也要说话。

众小朋友：我爱你一直到我的手指头（动作）。

应老师：好，妈妈来了，我爱你一直到我的手指头（动作）。有谁的爱比我多呢？

众小朋友：（小朋友举手）我……我……

应老师：你，好。（把小朋友带到身旁）她做动作，你们帮她说啊，她已经做动作很累了。

众小朋友：噢。

应老师：预备，开始，（小朋友举起手）我爱你……说呀，我爱你一直到我的手指头。

众小朋友：（小朋友同步说）我爱你一直到我的手指头。

应老师：（走到小朋友身边，举起手）看，我爱你一直到我的手指头，谁的爱多。当然是我，还有谁敢跟我比一比谁的爱多？（走到一个小朋友身边）你敢吗？你敢过来噢，心里有爱要表达出来，男孩噢，那才更帅！开始，来，你们帮他说，预备，开始：我爱你一直到我的手指头，踮起脚，小朋友让你把脚垫起来。

小朋友：（小朋友努力把脚垫起来）

应老师：对，对，这样才高，你的爱可真多。来，我来（做出举手的动作）我爱你一直到我的手指头，尽管你爱得很努力，我的爱还是比你的多。

小朋友：老师，给他一张椅子。

应老师：对，她叫你搬一张椅子，嘿嘿，唉，可以的。好，你看小兔子除了用这个动作，还用了什么方法？

众小朋友：跳的……我跳……

应老师：跳，一边跳一边说，跳跳看，看谁跳得高，我跳的有多高，就有多爱你。

应老师：再跳跳看，看谁跳得高，嘴巴要说的，不说不是方法，来说说看，预备，开始（小朋友都在跳）。

应老师：好，表示完了吧！心里有爱要表示出来噢，都表示完了吧？表示完了，我来看看啊，你们看看我的爱多还是你们的爱多？妈妈在原地一蹦，蹦得老高（应老师蹦了起来）我跳的有多高，我就有多爱你，谁蹦得比我高？

众小朋友：我……我……（纷纷举手）

应老师：好，你（指到其中一个小朋友）。她来蹦，你们帮她说，她蹦高很累的，预备，开始，我跳的……我……说呀，我跳的有多高我就有多爱你。

众小朋友：（跳了起来）

应老师：噢，蛮高的。我试试噢，你们帮我说，说什么？预备起……

应老师：我跳得……说，我跳得有多高我就有多爱你，（幼儿跳）哦，蛮高的，我试试，你们帮我说啊。

众小朋友：我跳得有多高，我就有多爱你（小朋友跳）。

应老师：谁高？我跟她谁高？

众小朋友：妈妈。

应老师：就是，还是我们一起来跳（拉着上边的那个幼儿），预备开始！

众小朋友：我跳得有多高，我就有多爱你。（小朋友与上边那个幼儿齐跳）

应老师：谁高呀？

众小朋友：你高。

应老师：（轻拍上边那个幼儿的头）还是我比你高，我的爱比你多……小兔就这样和妈妈说着说着来到了山脚下，看到了一幅很美的图画，孩子们，小兔子看见美景里面有些什么？

众小朋友：树、山……

应老师：（举手示意应该举手回答问题）美景里有什么？站起来说，有什么？

小朋友：有山。

应老师：（重复）有山，要说清楚，还有什么？

小朋友：有山。

应老师：他已经说过了。还有什么？

小朋友：有树。

应老师：有树。还有什么？

小朋友：小草。

应老师：我想请坐着的人回答，有小草，还有什么？

小朋友：大树。

应老师：大树说过了，还有什么？宝贝，（指着电视画面）这里是什么？

众小朋友：路、山、小河……

应老师：小河、小路、随便你说，都有对的。还有小草，这里是什么？这个……

众小朋友：水。

应老师：竹子，这个太小了看不清楚。这是什么？竹子，对。小兔子，看到了有那么多东西，看见了吧？小兔子看到那么多东西，它就用这个看到的东西来表示对妈妈的爱。它怎么表示的呢？听好哦，心里有爱要表示出来的哦。它说，妈妈，竹子有多高，我就有多爱你。你猜猜小兔子还会用什么来表示对妈妈的爱的？来，谁来说？你来说。

小朋友：山。

应老师：怎么说？

小朋友：山有多高我就有多爱你。

应老师：说得真好！还有谁？来你说，用什么？

小朋友：小河。

应老师：小河。对啊，说。

小朋友：小河有多长，我就有多爱你。

应老师：来，大声说，你们听见啦？下面老师没听见，大声地说，你看人家拍手啦。再来啊，什么？

小朋友：小河有多长，我就有多爱你。

应老师：小河有多长，我就有多爱你。对，心里有爱表示出来。这个女孩子以后会有很多人爱她的，心里有爱要表示出来的哦！来，你说说看到什么了？是这个……

小朋友：在山上，跳，跳……

应老师：哦，站在山上看得有多高我就有多爱你，不要往下跳。哦，看得有多高我就有多爱你。说得好。还有吗？唉，这个呢？你说。

小朋友：小草有多高，我就有多爱你。

应老师：小草高不高啊？这个爱多不多啊？

众小朋友：不多。

应老师：小草很多，对。不要说小草多高，怎么说呢？小草有多多……对，小草有多多……

小朋友：小草有多多，我就有多爱你。

应老师：小草是多的呀！小草有多多，我就有多爱你。还有人要说吗？小兔子猜猜这个还有……你说。

小朋友：小树有多高，我就有多爱你。

小朋友：竹子有多长，我就有多爱你。

应老师：竹子有多长，我就有多爱你。哦，对。孩子们，好，小兔子看到这些之外我们看看，孩子们，你们看到了什么？什么字？

众小朋友：广州。

应老师：广州。广州也不认识啦？啊，这是什么？大海、太阳，对。这是什么？围巾？对，这个……月亮、星星，这个呢？这是什么树？柳树。好了，这是什么？高楼，好。谁可以用这当中的一样东西表示对别人的爱？我请举手的，哦，我请嘴巴没有声音的，举着手就可以咯。好，你来说，大声点儿。

小朋友：星星有多多，星星……

应老师：什么？

小朋友：星星有那么多，我就有多爱你。

应老师：哦，星星有多多，我就有多爱你。我请坐着的来，你来。

小朋友：楼房有多高，我就有多爱你。

应老师：对，楼房有多高，我就有多爱你。还有啊，来，你来。

小朋友：海有多深……

应老师：海有多深，我就有多爱你，对吧？你不要说（示意一个试图帮他回答的小朋友不要插嘴），她心里的爱跟你是不一样的。重新说过，大家说说看，海有什么？海有多深，我就有多爱你。这个爱可真多啊！还有谁要说的？你，说说。

小朋友：围巾有多长，我就有多爱你。

应老师：看，围巾有多长，我就有多爱你。好，现在我想做他的妈妈，围巾有多长，什么东西比围巾长呢？柳树，他说，柳树的什么？

小朋友：柳树有多长，我就有多爱你。

应老师：她说是围巾有多长啊……什么东西比围巾长呢？

众小朋友：彩虹、柳枝……

应老师：柳树枝，你说，站起来说。

小朋友：柳树枝有多长，我就有多爱你。

应老师：柳树枝要比围巾长吧？因此你可以做她妈妈，好。还有什么？

小朋友：彩虹。

应老师：彩虹怎么啦？说出来啊。

小朋友：彩虹有那么……颜色……

应老师：他说是长，彩虹有什么？

众小朋友：彩虹有好长。

应老师：好长。你看，长得那么帅，心里也有爱，表示不清楚。想想好啊，表示好了人家女孩才听得见。来，还有什么？来……你说……这个……广州……谁可以用广州表示爱呢？你说呢？

众小朋友：广州……广州……有多……

应老师：大声点儿，人家听不见。谁？谁可以用广州表示爱？

小朋友：广州可以……广州……

应老师：你看，长那么帅，心里我知道也有爱，就是表现不出来。不要紧，来，广州怎么表示？你说。

小朋友：广州有多大，我就有多爱你。

应老师：大声说，说得那么好，让人家爱你呀！来。

小朋友：广州有多大，我就有多爱你。

应老师：对，广州有多大，我就有多爱你。他可以做她爸爸，谁可以做她妈妈呢？比广州大的是什么？谁来说？来，你说！

小朋友：电视机。

应老师：比广州大的是什么？随便你说……谁来说说，比中国……比广州大的是什么？来，你说！

小朋友：天空。

应老师：天空怎么说啦？

小朋友：天空有多大，我就有多爱你。

应老师：大得厉害了吧。还有，广州有多大，我就有多爱……

应老师：我要说，中国有多大，我就有多爱你。中国比广州大吗？大不大？

众小朋友：大！

老师：恩，大的。还有什么比中国还大？

众小朋友：美国，哈哈。（小朋友笑）

应老师：美国？美国不一定的。

小朋友：北京。

应老师：北京？北京比中国大吗？我们中七班的孩子要去看地图了，比中国大的是什么？

众小朋友：地球。

应老师：讲得好，这位小伙子，爱上他的人来了！地球什么？

小朋友：地球有多大，我就有多爱你（张开双手）。

应老师：他基本上是做中国那个大的爸爸。是吧，是的，心里有爱要表示出来！还有吗？这个……这个月亮！月亮……谁来说？举手，举手！来，你说。

小朋友：月亮有多大就……就有……

应老师：多爱你。

小朋友：多爱你。

应老师：比月亮大的有吗？没有啦？

小朋友：大电视机……

应老师：大电视机，哪有月亮？耶……真是的，你看，心里的爱就比人家少！

小朋友：大黑板……大黑板……

应老师：诶…比月亮大的是什么？

小朋友：月亮有多弯我就有多爱你。

应老师：月亮有多弯，我就有多爱你！你的爱是弯的倒蛮好，可是他说的是大的。嘿，有比月亮大的吗？嘿，下面有比月亮大的爸爸妈妈吗？有吗？爱比他多，好，老师，海洋有多大，哦，太阳有多大，我就有多爱你，你说我表示清楚。

场外老师：太阳有多大，我就有多爱你！

应老师：嘿，刚才谁说月亮的，是你，对吧，等会去找你妈，下面那人是你妈，她的爱比你多，好，孩子们，其实我们生活当中还有好多东西可以用来表示爱的，如巧克力，巧克力可以吗？

小朋友：可以。

应老师：人家的妈你看什么，唉，巧克力可以吗？

小朋友：不可以。

应老师：那，你，对，巧克力有什么？

小朋友：巧克力有多甜，我就有多爱你。

应老师：我爱上他了，我爱上他了，嘿嘿，孩子们，生活当中让你表达爱的事可多呢，我们再继续看看，小兔子说着说着怎么了？（音乐响起，师旁白）"说着说着，小兔子有点累了，它望着天上朦朦胧胧的月亮说，'妈妈，我爱你从这里一直到月亮那！（动作）'说完，就躺在草堆里睡着了。妈妈看了看它说，'傻瓜，知道吗，我爱你从这里到月亮那里，再从月亮那里回到这里！（动作）'说完，吻了吻它，抱着它一起睡着了。孩子们，这个故事爱多吗？在家里，你最爱谁呢？"

小朋友：妈妈，爸爸，妈妈，爷爷，奶奶……

应老师：哦，你的爱最多，全说完了，你在家里最爱谁？

小朋友：我在家里最爱表姐。

应老师：哦，你的爱已经到表姐了，哦，家里都有我们最爱的，好，小伙子，你说说，你最爱谁？

小朋友：爷爷和奶奶。

应老师：哦，也爱爷爷和奶奶，除了家里最爱的，在幼儿园里，小伙伴里有你最爱的吗？爱不爱？好的，你爱哪个老师呢？

小朋友：刘老师。

应老师：哦，刘老师，应老师和小朋友只认识了那么一点点时间，谁已经爱上我了，爱上我的人举手？哦，我也爱上你们了，对，我爱上他了，爱上我的人举手，我也爱上你们了，好，孩子们，今天晚上、中午睡觉的时候，别忘了，对你爱的那个伙伴说说，猜猜我有多爱你？今天晚上回家的时候，睡觉以前，别忘了跟家里的那个你最爱的人说，猜猜我有多爱你？一会儿跟大家再见的时候，别忘了对应老师说，猜猜我有多爱你？好了，和大家再见！

众小朋友：再见！

（资料来源：https：//wenku.baidu.com/view/674048f4900ef12d2af90242a8956bec0975a59c.html，有改动）

【本章思考练习】

1. 学前儿童文学作品活动的一般流程是什么？
2. 简述故事教学的设计思路。
3. 简述诗歌和散文教学的选材要点。
4. 设计一则中班故事教学活动方案。

第七章

学前儿童讲述活动

本章主要介绍学前儿童语言教育中讲述活动的基本概念、特点、类型、活动目标及其设计和组织的基本方法。通过本章的学习,学习者应理解讲述活动的概念以及讲述活动对幼儿语言发展的特殊作用;了解讲述活动的基本特征、讲述活动的语言教育目标和讲述活动的类型;掌握讲述活动的设计与组织的基本方法。

第一节 讲述活动概述

一、讲述活动的概念

讲述活动是一种有目的、有计划地培养幼儿语言表述能力的语言教育活动。这类活动要求幼儿依据一定的凭借物,使用比较规范的语言表达个人对某事、某物或某人的认识,进行语言交流。

二、讲述活动的作用

1. 培养幼儿讲述能力

讲述活动中,学前儿童需要独立构思讲话内容,讲述的顺序、讲述的重点和中心,考虑如何让别人理解自己的话等。因此,讲述活动能够帮助儿童掌握讲述的一般和特殊方法,使幼儿连贯、完整、清楚地讲述某一事物。

2. 锻炼学前儿童独白语言能力

幼儿园语言教育的目标之一是培养儿童的表述能力,讲述活动中着重培养的独白语言是幼儿语言表述能力的一部分。在讲述活动中,幼儿有机会逐渐学习在集体面前独立讲述自己的想法，把一事、一物、一个人物讲清楚，他们的语言表述能力在这个过程中逐步得到发展。在教师指导下，幼儿所讲的内容逐渐达到完整、清楚、符合逻辑等的要求。

3. 教给学前儿童认识事物的方法

幼儿在讲述之前，要认识所讲的事物，通过讲述活动，幼儿能够学习认识事物的顺序和方法。以讲述活动"菊花"为例，幼儿自己先要认识菊花的特征，再学习认识花有哪些部分以及认识的顺序，如名称、颜色、花瓣形状、味道、叶子、用途、开放时间、赞美的话，使自己的讲述给听的人一种完整清楚的印象。

4. 发展学前儿童思维和想象能力

在讲述活动中，幼儿需要观察分析事物的特征、事件的发生原因和顺序，领会人物在不同状态下的思想感情。例如，在看图讲述时，图片中的人、事、物都有一定的因果关系或者前后顺序。幼儿要经过一定的推理、判断、分析，才能认识自己所要讲述的内容，然后组织语言表述出来。

三、讲述活动的特点

1. 讲述活动有一定的凭借物

讲述活动一般有一定的凭借物。这里所说的凭借物，是指讲述活动中教师为幼儿准备的或幼儿自己参与准备的图片、实物、场景等。教师通过提供讲述活动的凭借物，为幼儿划定讲述的中心内容，使他们的讲述语言具有明显的指向性。

讲述需要一定的凭借物，是基于以下两个方面的考虑。

（1）符合幼儿讲述学习的需要。幼儿的经验和表象积累不足，不能完全凭借记忆进行讲述，否则可能出现两种情况：或者因记忆中材料不够而无法达到讲述要求；或者因集中注意力搜索记忆中的经验，而忽视讲述内容的组织与表达。因此，幼儿在讲述活动中需要有一定的凭借物。

（2）符合集体参与活动的需要。讲述活动出现一定凭借物，为幼儿指出讲述的中心内容。幼儿可以从每个人具体的认识角度讲述相同或相似的内容，并且产生相互交流和相互影响的作用。

2. 讲述活动有相对正式的语境

与其他各类语言教育活动相比，讲述活动为幼儿提供的是一种比较正式的学习和运用语言的场合。

这种正式表现在两个方面：一是语言规范，幼儿需要使用比较完整的连贯句；二是环境规范，一般在专门的教学活动中开展这类活动。讲述活动必须根据语言环境要求，针对具体的言语凭借物的实际，组织口语表达的内容和方式，运用正规的语言风格说话，这是讲述活动的一个重要特点。

3. 讲述活动旨在锻炼幼儿独白言语的能力

讲述活动是幼儿语言交际的一个场合，幼儿要学习的讲述是一种独白语言。独白，顾名思义，需要说话的人独自构思和表达对某一内容的完整认识。在讲述活动中，幼儿的言语交流对象是不明确的，往往由一个人讲给多人听，说话的话语相对较长，彼此所说的一段话并不需要上下紧扣，而是相对独立、各成篇章的。

第二节　讲述活动的语言教育目标与活动类型

一、讲述活动的语言教育目标

1. 培养学前儿童感知、理解讲述对象的能力

从语言学习的角度来看，感知、理解讲述对象、获得有关讲述内容要求，是一个综合的信息汲取过程。这个过程并非简单地听和说，还有各种语言和语言之外的认知，如社会能力的参与、加工和协调工作。因此，将活动的目标之一放在培养幼儿感知、理解讲述对象、把握获得有关讲述内容要求方面，将有益于幼儿不断增强这种综合信息汲取的能力，这对幼儿语言和其他方面发展都会产生极大的促进作用。

2. 培养学前儿童独立构思与清楚完整地表述的意识、情感和能力

讲述活动为幼儿提供了独立构思和清楚完整表述的场所。通过这类活动，可从三个方面提高幼儿的语言水平。

（1）在集体场合自然大方地讲话。在集体场合自然大方地讲话，包括以下几点要求：一是勇于在许多人面前说出自己的想法；二是乐于跟别人分享自己的观点，积极地说话；三是在集体面前说话不忸怩作态，不脸红害羞，不胆怯退缩；四是用大于平时讲话的音量和正常的语调、节奏在集体面前说话。

（2）使用正确的语言内容和形式进行讲述。

（3）有中心、有顺序、有重点地讲述。

3. 培养幼儿掌握对语言交流信息清晰度的调节技能

在讲述活动中，幼儿可从以下三方面提高对交流信息清晰度的调节技能。

（1）增强对听者特征的敏感性。根据听者的特征调节说话的内容和形式，使听者能理解和接受，这是保证交流信息清晰度的一个方面。

（2）增强对语境变化的敏感性。根据语言环境的变化调节语言表达方式，这也是保证交流信息的清晰度以促使听者理解的一个方面。

（3）增强对听者反馈的敏感性。在运用语言进行交往时，幼儿需要学习根据听者所做出的反馈，及时调整自己说话的内容和方式，这是保持语言清晰度和交流效果的又一种语用技能。

二、讲述活动的类型

按照不同的标准，讲述活动可分为不同的类型。

（一）按编码特点分

（1）叙事性讲述：用口头语言把人物的经历、行为或者事件发生、发展、变化讲述出来。叙事要求说清楚人物、事件、时间、地点和为什么，并且要求说明事情发生、发展的先后顺序。

（2）描述性的讲述：用生动形象的语言把人物的状态、动作，以及物体、景物的性质、特征具体讲述出来。

（3）议论性讲述：通过摆观点、摆事实说明自己赞成什么或者反对什么。

（二）按凭借物的特点分

1. 看图讲述

通过观察图片，幼儿将一张或几张图片的主要内容准确、完整地表达出来。

（1）单张图片讲述：最简单的形式，一般在小班进行，以问答的形式进行，主要培养小班幼儿说完整句的能力。"有什么，在干什么？图片上主要对象的简单特征是什么？"

（2）多张图片讲述：主要在中班和大班进行。幼儿按顺序将多张图片的内容、图片与图片之间的关系用完整、连贯的语句表达出来。

图片上有什么？在做什么？是怎么做的？为什么要这么做？图片上的对象当时的内心体验等。

（3）排图讲述（前面多为静态，此为动态）：首先要求幼儿将无序的图片排列顺序，讲清理由，然后再讲述图片的主要内容，一般在中大班进行。

2. 实物讲述

实物讲述与常识活动要区别开。实物讲述更侧重描述、倾听等言语方面的目标，而花在认识这种实物的时间较少。另外，实物讲述应在已经熟悉这种实物的基础上进行。

实物讲述三个年龄班都适用。

3. 情境表演讲述

某种情境表演后（如童话剧、木偶、玩具表演），在老师的帮助下，幼儿将表演的情节、对话和内容连贯地表达出来。

首先要求幼儿集中注意力看，有较好的记忆力，不仅要记住人物和情节，还要记住人物的对话，甚至还要感受人物的内心体验。

一般在小班后期或中大班进行。

第三节 讲述活动的设计与组织

讲述活动设计和组织的基本结构由四个步骤构成。

一、感知理解讲述对象

讲述活动的特点之一是具有相对固定的讲述对象,即凭借物,因此在设计组织讲述活动时,首先要帮助幼儿感知理解讲述对象。

感知理解讲述对象主要通过观察的途径进行。这里所说的观察大部分是通过视觉汲取信息,但也不排斥从其他感觉通道获得认识。

教师在指导幼儿感知理解讲述对象时应把握以下三点。

(1)依据讲述类型的特点感知、理解讲述对象。

(2)依据凭借物的特点感知、理解讲述对象。

(3)依据具体活动要求的特点感知、理解讲述对象。

二、运用已有经验讲述

在幼儿感知理解讲述对象的前提下,教师引导幼儿运用已有的经验进行讲述。这一步骤的活动组织,要求教师尽量放开让幼儿自由讲述,给他们充分的机会,实践运用已有的讲述经验。组织幼儿运用已有经验讲述的方式很多,基本上可以归纳为以下三种。

(1)幼儿集体讲述。这种方式虽然保持集体活动的状态,但是给每位幼儿围绕感知对象以充分自由发表个人见解的机会。

(2)幼儿分小组讲述。分小组讲述一般情况下每组四人,幼儿可有更多机会围绕同种感知对象,轮流进行讲述。这种形式具有一定的直接交流的性质,能保证每位幼儿均有讲述机会。

(3)幼儿个别交流讲述。个别交流讲述常常是幼儿一对一地讲述。教师在指导幼儿运用已有经验进行讲述时,需要注意两点:一是在幼儿自由讲述前,交代清楚讲述的要求,提醒幼儿要围绕感知、理解的对象进行讲述;二是在幼儿自由讲述的过程中,注意倾听幼儿的讲述内容,发现幼儿讲述中的"闪光点",以及存在的问题。

三、引进新的讲述经验

经上一阶段"开放性"的讲述之后,教师应将活动导入"收"的程序,为幼儿引进新的讲述经验。

新的讲述经验是每次讲述活动的学习重点。在制定活动目标时,教师应考虑上次活动的重点、解决的问题、达到目标的情况,以便在此基础上向幼儿提供新的讲述经验。新的讲述经验主要是指讲述的思路和讲述的方式。

引进新的讲述经验的方式是多种多样的,归纳起来有以下几种。

(1)教师示范新的讲述经验。教师在幼儿自己讲的基础上,提出一种新的讲述思路,就同一讲述对象发表个人见解。

(2)教师通过提示引进新的讲述经验。在有些活动中,教师可以用提问、插话的方法引导幼儿的讲述思路,为他们导入新的讲述经验。

(3)教师与幼儿一起讨论新的讲述思路。教师可从分析某位幼儿的讲述内容入手,与幼儿一起归纳新的讲述思路。

四、巩固和迁移新的讲述经验

讲述活动中，仅仅引进新的讲述经验是不够的，还需要提供幼儿实际操练新经验的机会，以利于他们更好地获得这些经验。因此，讲述活动的最后一个步是巩固迁移新的讲述经验。

【案例 7-1】 幼儿园大班讲述教案《小兔搬家》。

1. 设计意图

讲述活动是发展幼儿独白语言的教育方式，对幼儿言语的目的性、独立性、创造性和连贯性，以及幼儿的思维、记忆、想象等方面都有很好的促进作用，同时对幼儿的认知、社会化发展等方面也会产生良好的影响。在讲述活动中要注意用词的正确性、准确性，能有效提高孩子的语言水平，因此设计了本次活动。

2. 活动目标

（1）仔细观察图片，学习并运用确切的动词，如抬、端、钻。用连贯的语句讲出兔子搬家的过程。

（2）感知理解图片内容，能清楚有序地讲述故事。

（3）知道遇到事情要动脑筋想办法，解决问题。

3. 活动准备

图片四幅（图 7-1）。

图 7-1

4. 活动过程

（1）导入活动。今天，老师给你们带来了几个朋友，它们是谁呀？我们给它们起个名字。

（2）感知理解。出示图7-2提问以下问题。

图7-2

①一天，小兔子们要搬家啦。可是它们为什么要搬家呢？

②它们是怎样搬的？（学习词：抬、搬）

a. 那怎样搬椅子？谁愿意来学一学。这个动作我们叫端。一起学一学：端（说）。那这个小朋友在干什么呀？（端椅子）我们一起来端椅子。图片上3号小兔和4号小兔在干什么？

b. 那1号小兔和2号小兔又是怎样搬桌子的？老师这里也有一张桌子，谁来试试。一个人能搬着走吗？那怎么办？（两个人或者几个人一起搬，也可以用一个更好听的词：抬桌子。）1号小兔和2号小兔在——抬桌子。

③谁来把这幅图完整地讲一讲。

出示图7-3，并提出以下问题。

图7-3

①小兔子们抬着桌子，端着椅子，走着走着，突然下起了大雨，怎么办呢？
②谁想到了好办法？其他小兔子怎么办呢？
③那你来学学 2 号小兔怎么喊的？还可以怎样喊？
④谁来把 2 号小兔想的办法和说的话连起来讲给大家听。
出示图 7-4，并提出以下问题。

图 7-4

①雨越下越大，下个不停，小兔子们会想什么办法继续搬家呢？
②刚才小朋友想到了好多办法，我们一起来看看小兔子它们是怎么做的？
出示图 7-5，并提出以下问题。

图 7-5

①小兔子们看到新家了，瞧——雨水冲洗过的新家（绿的墙、红的窗、黄色的屋顶亮堂堂，多漂亮呀！）
②小兔子看着新家，心里怎么样？

（3）引进新的讲述经验。

①这四幅图连起来可以编成一个好听的故事，我们把小兔做的动作和说的话都编到故事里，使故事更加生动，好吗？（自由讲述）

②请个别幼儿连贯讲述。

③小朋友讲的故事很不错，现在我们来给故事起个名字，可以想想故事里讲了谁，它们在干什么？用简单的话进行概括。

（4）巩固迁移讲述经验。搬新家是一件很高兴的事，但也很麻烦，还会遇到一些意想不到的事。但只要会动脑筋想办法，这些事都是可以解决的。

（资料来源：http://ishare.iask.sina.com.cn/f/30LjkF6BY89.html，有改动）

【本章思考练习】

1. 阐述幼儿讲述活动的特点。
2. 如何讲述设计和组织活动？
3. 观摩幼儿园讲述活动。
4. 模拟讲述教学。

第八章

学前儿童谈话活动的设计与组织

第一节 学前儿童谈话活动概述

一、学前儿童谈话活动的特点

1. 拥有一个具体、有趣的中心话题

（1）中心话题应是幼儿日常生活中熟悉的、喜闻乐见的。

（2）中心话题要对幼儿具有一定的新鲜感和刺激性。

（3）中心话题要与幼儿已有的知识经验相适应。

2. 是多方参与的言语交往活动

这是谈话活动与讲述活动最主要的区别之处。谈话活动更侧重于幼儿的言语交往，由此构成幼儿与教师、教师与幼儿、幼儿与幼儿交谈的三种不同的基本模式。在这三种交流模式中，前两种是有一定的区别的。

3. 谈话的语境随意、宽松、自由

（1）话题的扩展和见解自由。谈话活动中没有统一的答案和看法，也没有什么一致的讲述经验和思路。幼儿完全可以根据自己的意愿和内心感受，将自己的想法直截了当地表达出来，与大家共享。这一点正是谈话活动的独特魅力所在。

（2）语言自由，不强求规范。谈话活动主要目的是鼓励幼儿大胆地与他人交谈，勇于且善于表达自己的意见和想法，但不要求运用规范的言语与他人交谈。

二、学前儿童谈话活动的类型

1. 日常谈话

日常谈话带有极大的情境性和感情色彩,不受时间、地点的限制,适用于三个年龄班。

(1)日常个别谈话:主要目的在于增强部分幼儿的自信心,调动幼儿参与活动的兴趣和积极性。

(2)日常集体谈话:与前者相比,其话题更自由,可以同时有多个话题。形式更活泼,可以是师生间的谈话,也可以是幼儿间的谈话或是师生、幼儿间的讨论等。

在每日散步时,教师可以就园内花草树木或其他的环境变化与幼儿进行交谈和讨论,教师可以问"滑梯旁新添的轮胎秋千可以怎么玩?你们猜猜是谁把它掇到这儿来的?我们要怎样爱护轮胎秋千?"等。

2. 有计划的谈话活动

这类活动是教师制订一定的计划和教案,依据事先确定的话题,有目的地组织幼儿进行谈话。

教师可以拟定以下几方面话题。

(1)我最喜欢的(如人物、动物、玩具、图书、衣服等)。

(2)我和周围的人(如爸爸妈妈、爷爷奶奶、老师及小朋友等)。

(3)我和节日(如六一儿童节、国庆节、新年等)。

(4)我参加的一些活动(如春游真快乐、假期里最有意思的事等)。

(5)周围环境的变化(如春天的玉兰花、火炬树为什么枯萎了)。

有计划的谈话活动需要事先进行精心的准备和计划。

由于有计划的谈话活动对幼儿的有意注意、有意记忆和言语能力有一定的要求,因此一般而言,这种活动从小班下学期开始进行。

3. 讨论活动

讨论活动是一种特殊的谈话活动形式。这是由于它在话题形式、言语交往和教师的指导方面都有其开放性的特点。

(1)讨论活动的话题一般是开放性的问题,同时讨论所涉及的事物应是与幼儿已有的知识经验相符合但对幼儿来讲又有一定难度的。

例如,讨论话题可以是"假如你是大人,最想做的事是什么?""小鸟会飞,人为什么不会飞"等,这些话题可以让幼儿随意发挥,并且没有什么固定的答案。

(2)讨论活动是一种开放性的言语交往活动。

在讨论中,幼儿既要清晰地向对方表达自己的看法,也要善于倾听他人的见解并进行分析、驳斥或接纳,从而使言语交往延续下去。交往对象可以是一对一,也可以是一对多。

讨论活动对幼儿言语能力、思维能力都提出了很高的要求,因此一般在中班以后才适合开展这项活动。

(3)教师的指导态度要开放。不要一味地从成人的角度评判幼儿的某些看法"是否行得通"。教师要将指导的重点转向幼儿的言语交往能力，而对幼儿某些富有想象力和创造力的看法采取包容与接纳的态度，不排除带有神聊或侃大山、吹牛性质的谈话。

幼儿说："人不会飞是由于没有翅膀，但人可以从小天使那儿借到一双翅膀，这样就可以像小鸟一样飞在高高的蓝天上了。"

三、学前儿童谈话活动的目标

（一）言语交往方面的目标

1. 小班

（1）喜欢与老师、小朋友交谈。

（2）知道别人说话时不随便插嘴，不抢着说话。

（3）能围绕一定的话题用简短的语言表达自己的请求和愿望。

2. 中班

（1）能积极、愉快地与别人交谈，不随便打断别人的话。

（2）学习各种交往词语的内容和用途。

（3）学习用不同的说话方式与不同的人交谈。

（4）能积极地学习他人的讲述经验，能用轮换的方式与别人交谈。

3. 大班

（1）能就某个话题主动地与别人交谈，并能较完整地表达自己的看法和见解。

（2）熟悉各种交往词语的内容、类别、用途。

（3）会在不同场合用不同的音高、音量、语句与人交谈或讨论。

（4）能在交谈中对自己的看法进行补充或修改，对他人的意见表示赞同或提出疑问和批评。

（二）倾听方面的目标

倾听方面的目标可以分为两个层次：一是一般的倾听能力，这是倾听的习惯和态度；二是分析性的倾听能力。

（1）小班：注意安静地倾听别人说话，并能做出积极、简短的回答。

（2）中班：能认真地倾听别人说话，能针对对方的话表述自己的看法和主张。

（3）大班：能比较耐心地倾听别人说话，能在倾听中把握谈话的关键信息，并针对谈话主题和同伴的发言提出自己的见解或批评性意见。

（三）其他方面的目标

1. 品德方面

例如，"知道有玩具应大家一起分享"等。

2. 常规方面

例如，"知道物品应放在固定的地方，保持活动室的整洁"等。

3. 环境教育方面

例如,"在活动中让幼儿树立不随地乱扔东西的意识,并能在与家人外出时将这种意识转化为行动""知道不能浪费水资源,要节约用水"等。

4. 思维方面

这主要运用于讨论活动中。

第二节 学前儿童谈话活动的内容与组织

一、活动目标的确立

1. 准确、具体(基本要求)

(1)总目标、年龄阶段目标的准确转化:每次谈话活动的具体目标都应该体现总目标的要求,也要适应阶段目标,从而使目标的确立符合各年龄班幼儿的特点。

(2)内容的准确体现:教师不能忽略教育目标随意选择谈话内容,应真正做到目标体现内容、内容反映目标。

2. 全面且重点突出

谈话活动的目标包含言语表达、倾听、其他方面三个方面的内容。

教师在制定具体的谈话活动目标时,应尽量使本次活动的教育功能充分地发挥出来,从而使目标的确立体现全面性的原则。

另外,确立目标过程中还要明确哪些目标是直接目标,在目标陈述中要突出其重要位置;哪些目标是间接目标,也不应忘记。

二、活动内容的选择和安排

谈话活动的话题很多、很丰富,谈话的语境相对也比较自由,但这并不是说谈话活动的内容可以随意选择。相反,教师在选择、安排谈话活动的内容时一定要注意以下几点。

(1)选择和安排内容要有目的性与计划性。

(2)取材的内容和范围应广泛,要有教育意义。

(3)谈话活动的内容和范围应与幼儿的言语及知识经验相符合。

三、谈话活动的组织方式与注意要点

(一)示范法

示范法主要在小班和中班的教学活动中采用。

(1)教师可以用言语示范新的言语交往技能。例如,在谈话活动"我爱吃的水果"中,

教师可以这样描述:"我爱吃西瓜,因为西瓜很甜,西瓜汁很多,西瓜皮还能治病。夏天天气炎热时,吃一块西瓜就像吃一根冰棍一样舒服。"

(2)教师还可以用非言语方法进行示范。例如,教师在听某个幼儿谈话时,眼睛注视对方,并不时地点头表示同意对方的意见。这些非言语动作同样也能起到示范作用。

(3)使用示范法的注意要点。一般来说,示范法应在与幼儿充分交谈后再使用,这主要是为了避免让幼儿的思维局限于教师的示范模式上。

(二)提问法

通过提问,教师既可以让谈论的话题逐层深入下去,也可以使偏题的谈话或讨论回到原来的话题上。

1. 提问法在日常谈话中的运用

日常谈话随机性强,气氛自由宽松。因此,可以运用提问法以引出话题。

有些问题是封闭式的,有些问题则是开放式的。封闭性问题幼儿只要答"是"或"不是"即可,开放性问题则要求幼儿通过回忆并组织简短的语句进行回答。

2. 提问法在谈话活动几个阶段中的运用

(1)创设谈话情境阶段:通过提问以引出谈话的话题。

(2)围绕话题深入交谈阶段:提问可以使话题逐步延伸,使幼儿深入地谈论自己的认识和观点。

3. 使用提问法的注意要点

(1)注意提问法的不同使用方式和作用。

从话题的开展角度看,提问法有三种作用。

①唤起幼儿的回忆,通过提问帮助幼儿回忆并谈出所经历过的事情和印象。

②帮助幼儿对某件事做出评价或判断,以使谈话的话题层层深入。

例如,教师问:"你为什么喜欢西瓜?"这类问题有助于幼儿对话题做深入思考和交谈。

③以提问的方式帮助幼儿始终围绕话题进行交谈,避免跑题。

(2)问题要富有启发性,并有一定的难度。

(三)讨论法

讨论法主要运用在围绕话题自由交谈阶段。运用讨论法时需要注意以下几点。

(1)讨论时可以采用分组形式。

(2)讨论时应注意个别差异。

(四)其他方法

其他方法还有游戏法、表演法、操作法等。

四、谈话活动的结构和步骤

一般而言,谈话活动的基本结构可以包括以下几个层次。

(一)创设适当的谈话情境

其目的在于引出谈话和讨论话题,使幼儿在活动之初就能被吸引到活动中,从而做好谈话的准备。

教师要做到以下两点:其一,营造一个宽松、自由的谈话氛围;其二,创设生动、有趣的谈话情境。这是针对话题引出方式而言的。

一般来说,谈话情境的创设有以下三种方式。

(1)用实物或直观教具创设情境。

(2)以语言创设谈话情境。

(3)以游戏的形式进行创设。

要注意这个步骤只是一个引子,3~5分钟即可。

(二)围绕话题自由交谈

1. 让幼儿充分、自由地讲述内心的真实感受

教师在指导中应尽量做到"一围绕两自由"。一围绕就是指导幼儿围绕话题大胆地与同伴交谈;两自由是交谈的内容自由、交谈的对象自由。一般而言,教师不要固定幼儿的交谈伙伴,教师以参与者的身份加入谈话。

2. 注意自由交谈中的个体差异

教师还要关注幼儿的个体差异,幼儿语言能力发展存在一定程度的差异,有的幼儿性格内向,平时不善于与他人交流,对理解能力、表达方式存在困难的幼儿,语言表达能力相对较差,那么在谈话活动中,只要这类幼儿有发言意识,就给他机会,带领全体幼儿给他鼓励,教师要特别给予关注和帮助。对他们每一次的参与,教师都要及时给予肯定,达到全面提高的目的。

(三)围绕主题不断拓展听话思路

幼儿围绕主题自由交谈后,教师要自然地逐步拓展谈话的思路。

五、谈话活动的方案设计

1. 情况分析

情况分析是设计教案的第一步。只有对本班孩子的现有情况心中有数,教师才能确定活动的目标、内容和组织形式。情况分析多以隐性的形式存在。情况分析部分主要分析两部分内容:一是本班所有幼儿言语交往经验的水平,以及个别幼儿的现状,从而使一项活动能满足所有幼儿的需要;二是分析前期活动中是否进行过与本次谈话类似的言语经验的传授。

2. 目标确立

如上所述,目标确立要准确、具体,全面且重点突出。

3. 准备活动

(1) 材料准备(教具和学具的名称、数量、来源)。

(2) 活动室布置。

(3) 知识性准备。

4. 活动过程

(1) 开始部分:创设适当的谈话情境,引出话题。

(2) 中间部分:①围绕话题自由交谈;②围绕话题拓展谈话内容。

(3) 结束部分:教师简评或幼儿自评。

5. 延伸活动(举例说明)

将学到的新言语经验迁移到日常活动中。幼儿园谈话活动设计范例,如【案例8-1】~【案例8-7】。

【案例8-1】我爱吃的水果(适用于小班)。

1. 活动目标

(1) 引导幼儿围绕"我爱吃的水果"展开交谈,能够用简短的句子谈论自己爱吃的水果名称、形状及味道。要求幼儿说普通话且讲话声音响亮。

(2) 帮助幼儿学习安静地倾听别人谈话,不随便插嘴。

(3) 让幼儿懂得吃水果身体好的道理。

2. 活动准备

(1) 每人带一个自己爱吃的水果。

(2) 另买几个水果,切成块状,上面插上牙签,用盘子装好。

3. 活动过程

(1) 创设谈话情境,引出谈话话题。将切好的水果请幼儿品尝,每人一小块,引起幼儿的兴趣。老师问幼儿:水果好吃吗?你们喜欢吃水果吗?幼儿回答后,请幼儿把自己带来的水果拿在手上。

(2) 引导幼儿围绕水果这一话题自由交谈。教师用提问的方式引出话题:你喜欢吃什么水果?你带来的水果是什么?是什么颜色、什么形状的?有什么味道?幼儿手拿水果与旁边的小朋友自由交谈。教师巡回参与谈话,提醒幼儿安静地听对方谈话,等别人讲完了自己再讲。对跑题的幼儿给予指导,用插话的方式将内容集中在谈自己带来的水果上,教师注意倾听。

(3) 引导幼儿拓展谈话范围。

①集体谈论"水果"。请在自由交谈中讲得好的幼儿在集体面前介绍自己带来的水果,

教师用语言提示幼儿围绕水果说话，并要求讲话声音响亮，让大家都能听见。教师还要注意请语言水平较差的幼儿参与谈话，为他们提供在集体面前讲话的机会。

②教师用提问的方式提出新的话题。你还吃过哪些水果？吃水果有什么好处？让幼儿围绕新话题思考自己的谈话内容。此时，教师用平行谈话的方式参与谈话，为幼儿提供一定的谈话经验，同时提醒幼儿用普通话谈论。

（4）教师进行小结，使幼儿懂得吃水果对身体好的道理。

（5）唱"苹果歌"结束。

（资料来源：http：//www.youjiao.com/e/20180912/5b98c1578e874_2.shtml，有改动）

【案例8-2】压岁钱（适用于大班）。

1. 活动目标

（1）帮助幼儿学会连贯地叙述自己拿到压岁钱的感受；学习用不同的表达方式说感谢的话。

（2）要求幼儿认真耐心地倾听同伴谈话，能迅速地掌握别人的谈话内容，向同伴学习谈话经验。

（3）对幼儿进行初步的理财教育。

2. 活动准备

（1）红包（或压岁钱袋）里面装着钱。

（2）可以用于表演的道具。

3. 活动过程

（1）创设谈话情境，引出谈话话题。

①活动开始时，教师出示一个红包（或压岁钱袋）让幼儿猜猜里面包着什么？幼儿猜过后，教师打开红包拿出钱，问幼儿：过年时大人们给你的红包里的钱叫什么？什么时候会有压岁钱？

②教师分别扮演不同的给压岁钱的人，以引导幼儿参与表演、观察，注意倾听。

（2）引导幼儿围绕话题自由交谈。教师提出问题，让幼儿自愿结伴交谈。建议提问：过年时有哪些人给过你们压岁钱？别人给你压岁钱，你心情如何？你拿到压岁钱时在想些什么？不同的人给你压岁钱，你是如何感谢的？教师注意倾听幼儿的谈话，表现极大的兴趣。可用插话的方式引导幼儿注意围绕话题用轮流的方式交谈。

（3）引导幼儿拓展谈话范围。

①集体谈论压岁钱：在自由交谈的基础上，教师请几位幼儿向大家介绍自己的压岁钱。要求幼儿用连贯的语言说出拿到压岁钱的感受，以及对不同的给压岁钱的人，自己是如何感谢他的。

②教师提出新的问题，帮助幼儿拓展话题：你们拿到压岁钱后是怎么用的？幼儿谈话时，提醒大家注意听他说话，了解他谈话的内容。学习他的谈话经验并学习用轮流、修补

的方法进行谈话。

③继续拓展话题。教师提问：明年过年，再拿到压岁钱你准备如何用？相互交谈后，请几位思路有新意的幼儿谈谈自己的打算。

（4）教师进行小结，使幼儿懂得拿到压岁钱时应向别人表达谢意，还要逐渐学会正确管理使用压岁钱。

（资料来源：http://www.hteacher.net/jiaoshi/20131009/73023.html，有改动）

【案例8-3】我家的房子（适用于大班）。

1. 活动目标

（1）能够比较准确地描述家外四周的环境、家中的物体，以及简单表达自己的感受。

（2）能专注地倾听同伴的谈话并理解谈话内容，做出相应的反应。

（3）学会观察身边的房屋，找自己喜欢的样子。

2. 活动准备

（1）教师提醒幼儿各自带一张有关于自己家房子的照片。

（2）教师准备一张自己家的图片，以及若干各式各样房屋的图片。

（3）一本收集图片的小册子。

3. 活动过程

（1）活动导入[图片展示（图8-1）]。

图8-1

教师："小朋友们，让老师找找你们的小眼睛在哪里。今天，老师给大家带来了一张非常漂亮的图片。"（将关于老师家的图片进行展示）"看，这是一所房子，是老师自己家的房子，老师非常喜欢自己家的房子，也想向小朋友们介绍一下我家的房子。"

（2）活动展开。

①教师示范讲述。

a. 教师将有关于自己家的图片的内容进行介绍，注意顺序是从屋外四周的环境到屋里的物体。

b. "老师让小朋友们都带了有关于自己家的图片，现在让我们一起来看看吧！"引导幼儿观察自己所带的图片，并请个别幼儿模仿教师先前的示范对自己家的房子进行介绍。

c. 在幼儿讲述完毕后，教师进行相应的总结，强调讲述的顺序。

②幼儿自由讲述。

a. 教师："接下来请小朋友们两人一组，互相介绍一下自己家的房子。"（注意：要认真倾听别的小朋友的讲话；不能随便离开自己的座位。）

b. 幼儿交谈完毕后，教师组织请个别幼儿为大家一起讲述自己家的样子。

（3）活动延伸。

"老师刚刚听了小朋友们的介绍，觉得我们每个人家里的房子都是非常漂亮的，但老师还知道很多不同地方的房子都是不一样的，让我们一起来看看吧！"（出示各式不同地方或国家房屋的图片。）

"看了这么多漂亮的房子，不知道小朋友们都喜欢什么样子的房子呢？请和自己的同伴说一说。"

4. 活动结束

教师：大家都说了自己喜欢的房子，那让我们用笔把它们画下来吧！

活动结束后将图片和幼儿的画整理成册。

5. 活动反思

在教学过程中，活动的整个流程较为清晰，但仍需要注意个别的细节，在为幼儿进行讲述时对房子的介绍要非常清晰，特别是顺序，不能过于复杂。让幼儿自行交谈时，事先要讲好规则。最主要的是要让幼儿做谈话的主体，鼓励幼儿多讲，同时学会倾听。

（资料来源：http://www.docin.com/p-1771051933.html，有改动）

【案例8-4】有趣的饼干（适用于中班）。

1. 活动目标

（1）学会耐心地倾听别人的谈话，乐意和同伴交谈"饼干"的话题。

（2）能围绕教师的提问，按照谈话的结构，用较完整、连贯的语言谈论自己有关"饼干"的各种经验。

（3）学习在谈话中创造性地运用语言进行表达。

2. 活动准备

（1）幼儿平时有品尝各种各样饼干的机会，有丰富的感性认识。

（2）请每位幼儿从家里带几块各式的饼干，分别摆在碟中，放在桌上展览。

3. 活动过程

（1）创设情境，引出谈话主题。活动开始，教师建议幼儿参观由小朋友自己举办的展览会，"这是一个什么展览会呢？你们一看就知道了"。在摆放着各种各样饼干的桌子周围观赏一周后，请幼儿在指定的位置坐下。

教师用提问的方式、"这是一个什么展览会？你喜欢吃饼干吗？"引出谈话话题，要求说出桌上饼干的名称，并说说还吃过哪些饼干。

（2）幼儿运用已有的谈话经验进行自由交谈。请同座位的小朋友互相介绍自己带来了哪些饼干，还吃过哪些饼干，谈谈有关这些饼干的经验。介绍完后，同伴间可相互品尝各自带来的饼干。教师间接地了解幼儿吃过哪些饼干，指导幼儿谈论有关这种饼干的经验。

（3）集体谈论饼干，拓展谈话的范围。

①请几名幼儿说说自己吃过哪些饼干。

②教师进一步用提问的方式拓展谈话范围："在这么多种饼干中，你觉得最有趣的饼干是什么？它什么地方使你觉得有趣？"此时教师可先做一定的谈话思路示范，如"我觉得最有趣的饼干是旺仔小馒头，它圆圆的、小小的像个馒头，一吃进嘴里马上就化了，一下能吃许多也不觉得饱。特别是电视里的广告：大人吃大馒头，小人吃小馒头，旺仔小馒头！我觉得特别有趣。"示范的同时，要求幼儿围绕上述两个问题进行谈话。幼儿可以从饼干的形状、原料、吃起来的感觉等方面说明有趣的所在，教师可在一旁引导补充幼儿的谈话，使其结构更完整、更连贯。

③再次拓展谈话的范围。有趣的饼干容易引起幼儿的遐想，教师便引入另一个谈话话题："工人叔叔手真巧，做了那么多很有趣、很特别的饼干，如果你是一位工人叔叔，你想发明什么样的饼干？"引导幼儿创造性想象，并能把自己的想象用语言表达出来。在幼儿谈话中，教师也可以作为一名成员，参与幼儿的谈话，潜移默化地引导他们的思路，如老师说："我想发明一种连环画饼干，看一页就吃一块饼干，看完了，饼干也就吃完了。这样既能品尝饼干也能学到不少知识。"

④大家都来做饼干。教师让幼儿按自己的想象用面粉做出各式饼干。如果有条件，可把它送到伙房进行烤制，然后让幼儿品尝自己设计、制作的饼干。

（资料来源：https://wenku.baidu.com/view/b2831047ba68a98271fe910ef12d2af90242a89c.html，有改动）

【案例8-5】我们的鞋（适用于中班）。

1. 活动目标

（1）在集体和分组谈话活动中，能够用比较连贯的语句讲述自己鞋的名称、颜色和特点。

（2）能倾听同伴的谈话内容，乐意参与集体和小组的谈话活动。

（3）通过相互交谈和教师介绍，了解一些不同用途的鞋的特征和性能。

2. 活动准备

（1）请每位幼儿穿一双自己最喜欢的鞋。

（2）准备几双不同用途的鞋，如雨靴、钉鞋、冰鞋、登山鞋等，这主要是为了帮助幼儿了解一些具有特殊功能的鞋的结构。

3. 活动过程

（1）启发幼儿讲述并谈论自己的鞋。活动开始时，请幼儿围坐成一小圈，引导幼儿观察自己的鞋，激发他们对鞋的兴趣。

教师为了调动幼儿谈话的积极性，可提出启发性问题，引出谈论话题：①你们每人脚上都穿了什么？②你们每人穿的是一双什么鞋？

（2）采用分组活动的形式，要求幼儿相互之间交谈自己的鞋。请幼儿自己结伴，要求幼儿向同伴介绍自己穿的鞋，允许幼儿相互换穿别人的鞋。

教师在幼儿相互交谈的过程中，注意参与和指导幼儿的讨论，及时引导幼儿谈话的方向，将谈话的对象主要集中到鞋上，鼓励幼儿运用自己已有的经验围绕话题自由交谈。

（3）组织幼儿集体谈论鞋。在自由交谈的基础上，组织幼儿集中谈论自己穿的鞋，紧扣鞋这一主题，展开谈话的内容，由浅入深，分层次进行。

①教师请个别幼儿向大家介绍自己的鞋，要求幼儿说清楚以下几个问题：你穿的是双什么鞋？你的鞋是什么样的？你为什么喜欢你脚上穿的鞋？

②教师进一步提出谈论鞋时的要求：你的鞋与别人的鞋有什么不同？你的鞋有什么好处？要求幼儿能用观察比较的方法说清楚自己鞋的显著特点和喜欢这双鞋的原因。

③幼儿分组、集体谈论之后，教师可用平行谈话的方式参与幼儿的活动，这时教师可通过介绍自己的鞋引导幼儿的思路，如"我穿的是双旅游鞋，它是白色的，用真皮制成的，穿上它走路很轻便、舒服，因此我喜欢穿旅游鞋。"幼儿此时可仿照教师的范例谈谈自己鞋的名称、颜色、制作材料及其特点。教师再不断补充幼儿的讲述内容，使他们对鞋的谈论更有条理性。

④继续拓展谈话内容，让幼儿谈谈自己还有哪些漂亮、新奇、有趣的鞋。在幼儿广泛讲述中可能会说到一些具有特殊功能的鞋，教师可因势利导，出示这些鞋，指导幼儿谈论"不同用途的鞋"，如雨靴、钉鞋、冰鞋等。这个深入拓展的话题能够打开幼儿的思路，引导他们极大的讨论兴趣，增强交谈的气氛。例如，讲讲冰鞋（或旱冰鞋），鼓励幼儿讲出自己穿这种鞋时的独特感受："可以一滑好远，人轻飘飘的，但穿得不好或不会滑冰，就会摔大跤。"

⑤最后教师和幼儿共同小结谈话内容，并可配用"我的鞋子嗒嗒嗒"歌曲结束谈话活动。

（资料来源：https://wenku.baidu.com/view/82af257b11661ed9ad51f01dc281e53a5802519f.html，有改动）

【**案例8-6**】你喜欢冬天还是夏天（适用于中班）。

1. 活动目标

（1）能积极参与谈话，并能大胆地说出自己对冬天和夏天的感受。

（2）理解和学习词汇，如寒冷、炎热。

2. 活动准备

（1）布置两个场景，如冬天和夏天。

（2）有关冬天和夏天的图片。

3. 活动过程

（1）引导幼儿看两个场景：说出它们有什么不同？分析是什么季节？（冬天和夏天）再说一说冬天是怎么样的？夏天是怎么样的？（学习新词，如寒冷、炎热）最后谈一谈，在冬天人们做哪些事？夏天又能做什么事？

（2）教师自然地引出谈话的中心话题：你喜欢冬天还是夏天？为什么？请数名幼儿讲过后，再请每一位幼儿和身边的小朋友说一说自己喜欢哪个季节？为什么？也可以问问同伴喜欢哪一个季节。最后集体谈话，鼓励幼儿在集体面前大胆说话。

（3）请喜欢夏天的小朋友坐在夏天的场景里，喜欢冬天的小朋友坐在冬天的场景。教师逐渐拓展话题，利用幼儿自己的话向幼儿提出问题：刚才喜欢冬天的小朋友说不喜欢夏天，喜欢夏天的小朋友说不喜欢冬天，为什么不喜欢夏天？不喜欢冬天呢？"冬天组"与"夏天组"的幼儿分别自由和同伴交谈不喜欢的原因，然后大家再集中谈一谈。

（4）进一步拓展话题：刚才大家讲了很多不喜欢冬天和夏天的原因，说明冬天和夏天都有很多缺点，我们能不能想办法解决呢？

让幼儿自己提出冬天和夏天的缺点（即幼儿不喜欢的原因），然后让大家进行讨论，谈一谈自己想出来的好办法。

①夏天太热了，怎么使自己凉快一点？

②冬天太冷了，我们有什么办法取暖呢？

③夏天有苍蝇、蚊子会叮人，怎么办呢？

④夏天的太阳太晒了，你上街会怎么办呢？

⑤冬天没有西红柿、黄瓜等好吃的菜，人们用什么办法使冬天也能吃到呢？

⑥冬天想游泳，有办法吗？

在幼儿说出解决的办法时，教师可出示相应的图片帮助幼儿加深记忆。

（5）教师小结：冬天和夏天虽然都有人们感到不好的地方，但是还有很多地方小朋友喜欢，因为它们也给人们的生活带来乐趣，人们会动脑筋，想许多办法解决冬天和夏天遇到的问题，使人们在冬天和夏天都过得很舒服。

（资料来源：http://new.060s.com/article/2013/07/24/782255.htm，有改动）

【案例8-7】动画片里的人物（适用于大班）。

1. 活动目标

（1）能注意倾听别人谈话，并能把握谈话的主要信息，乐意与人交谈观看动画片后的感想。

（2）在谈话过程中进一步理解儿童动画片中的人物，学习归纳各类的人物形象。

（3）提高幼儿文学的欣赏能力和语言表达能力。

2. 活动准备

（1）教师平日注意了解幼儿观看动画片的情况，鼓励幼儿多看儿童动画片。

（2）教师应对近期电影、电视中放映的动画片有一定程度的了解，以便指导幼儿更好地分析人物形象。

3. 活动过程

（1）教师以提问的方式，引发幼儿谈论儿童动画片的兴趣。

建议教师提问以下问题：①你喜欢看儿童动画片吗？②你们都看过哪些儿童动画片？这个问题涉及幼儿已有的经验，他们回答的积极性很高。这时教师可让幼儿畅所欲言，尽量让每个幼儿都有机会说出自己所看动画片的名字，如《赛车手》《忍者神龟》《侦探加基特》《超级玛丽》《猫和老鼠》《加高历险记》《大力水手》《黑猫警长》《奥特曼》《机器人斯迈克》《北斗神拳》《金刚葫芦娃》《笨笨》《超霸恐龙》《宇宙战士》《红气球》《巨龙巴伏特》《坦克大》《机器猫》《蓝精灵》《圣斗士星矢》《小红帽》等。

（2）教师为幼儿创设相互交流的机会，让每个幼儿都有机会谈自己对动画片的观后感。教师可以提出这样的问题："这么多有趣的动画片，讲的是什么样的故事？"然后围绕问题，放手让幼儿自己寻找谈话对象进行交流，幼儿可以两人一组进行交谈，也可以三五一群进行交谈。

提醒幼儿说话轻一些，注意倾听同伴谈话。

（3）教师组织幼儿集体谈动画片，分析归纳不同的人物形象。教师通过一步步提问，引导幼儿进行分析、讨论。

建议教师提问以下几个问题。

①在你们看过的动画片中，哪部片子中的哪些人是善良、聪明的，为什么这么说？

这个问题可引导幼儿有目的地思考，谈论自己所看过的动画片的人物形象。例如，有的幼儿说："我认为《马克五号》中的无名赛手的弟弟最善良，在开车比赛中，他分析别人车上的油箱漏了，立刻停车去帮助别人。"《克拉基和他的同伴》中的克拉基、加高主动帮助遇难的朋友脱险。"《圣斗士星矢》中的星矢能帮助人，别人打了他，他不是马上回手打人家，而是和他讲道理，因此我觉得他聪明善良。"

②哪些人是勇敢的呢？为什么这样说？

幼儿可以结合所看的动画片阐述。例如，《希曼》中的希曼很勇敢，他打坏人毫不留情，专打坏人。《西游记》中的孙悟空很勇敢，又聪明，火眼金睛，能识别出每个遇到的妖怪，降妖怪，保师傅去西天取经。

③哪些人是很凶残、狡猾的？为什么？

在分析之前，先帮助幼儿理解"凶残"与"狡猾"两个词的含义，再让幼儿分析人物。就这个问题，有的幼儿说："《马克五号》中一个赛车队很狡猾，他们的车子轮胎中能放出铁刺，比赛时，刺破别人的车，使别人的车失火，自己赢了。""《加高历险记》中的坏蛋很狡猾，他们滑雪到山顶，切断了追捕他们的克拉基的缆车绳，逃跑了。""《西游记》中的白骨精很狡猾凶残，她三次变化，欺骗唐僧，还吸人血。""《忍者神龟》里的蝙蝠魔、蚁子蝎很凶残，他们想统治国家，用一台洗衣机把人变成了僵尸……"

④哪些人比较糊涂，为什么？

幼儿说："《猫和老鼠》中的倒霉猫最糊涂，它本来想杀死白鼠，在去的路上，摔了一跤，就忘了干什么去了……"

教师根据幼儿谈话兴趣的高低决定讨论分析人物时间的长短。最后提议幼儿课后休息时延续这一活动。

4. 活动总结

（略）

（资料来源：https://wenku.baidu.com/view/b78591c882d049649b6648d7c1c708a1284a0ab0.html1，有改动）

【本章思考练习】

1. 阐述谈话活动的特点。
2. 阐述谈话活动的目标。
3. 阐述谈话活动的设计和组织。
4. 独立设计一则谈话活动方案。

第九章

学前儿童语言游戏

本章主要介绍学前儿童语言教育中听说游戏活动的基本概念、特点、活动目标及其设计和组织的基本方法。通过本章的学习,学习者应了解听说游戏的基本内涵,把握幼儿园听说游戏活动的主要特点;明确听说游戏活动的语言教育目标;掌握听说游戏活动设计和组织的基本思路与指导要点。

第一节 语言游戏概述

一、语言游戏的概念

1. 定义

有规则的游戏也称教学游戏,包括智力游戏、音乐游戏、体育游戏。

语言游戏是智力游戏的一种,是在教师组织指导下以发展语言为主要目的一种有规则游戏,具有活动和游戏的双重性质。

2. 听说游戏与语言游戏

听说游戏不是语言游戏,而是语言教学的游戏。所谓语言游戏,有一种相对固定的概念,是指儿童在语言发展过程中自发地玩弄和操练语言、语词的一种现象。语言游戏带有明显的自发言语等特点,有玩弄操练口语的性质,并且是无意义的、非具体指向性的语言活动。这种语言现象在很大程度上带有自娱的意味。相比之下,听说游戏由教师设计组织,有明显的语言学习指向目标,有明确的语义内容,因此与上述的语言游戏有很大的差别,只能将它称为语言教学游戏。

二、听说游戏的主要特点

1. 在游戏中包含语言教育目标

听说游戏有明确的语言教育目标。每一个听说游戏都包含对幼儿语言学习的具体要求，在听说游戏中包含的语言教育目标有一定的特殊之处。

（1）听说游戏包含的语言教育目标具有具体的特点。一般而言，听说游戏对幼儿提出的语言学习要求非常具体，给人单一和细微的感觉。例如，小班幼儿 [g]、[k]、[h] 不分，教师选择买图片的语言教学游戏，就是为了帮助小班幼儿学习正确的发音。

（2）听说游戏包含的语言教育目标具有练习的特点。

（3）听说游戏包含的语言教育目标具有含蓄的特点。

2. 将语言学习的重点内容转化为一定的游戏规则

游戏规则是对游戏中被允许的和被禁止的某些特定活动的规定。凡是听说游戏，都带有一定的游戏规则。听说游戏中的规则并不是凭空制定的，而是教师在设计听说游戏时，根据具体的语言教育目标，选择适当的语言学习内容，并将本次活动的语言学习重点转化为一定的游戏规则。例如，在小班买图片游戏中规定，幼儿必须正确说出自己要买的图片名称，才能买到图片，如果发音不正确，则要请其他小朋友帮助，重新发音正确后，再得到图片。

3. 在活动过程中逐步扩大游戏的成分

幼儿园听说游戏的活动兼有活动和游戏的双重性质，从活动组织形式上看，具有从活动入手，逐步扩大游戏成分的特征。听说游戏活动开始时以活动的方式进入，而最后又以游戏的方式结束，老师的主导作用在开始时体现得十分鲜明，而后随着幼儿熟悉程度的提高而逐渐减少，直至幼儿完全自主地进行游戏。

三、语言教学游戏的分类

语言教学游戏是以培养幼儿倾听和表达能力为主要目标的教育活动，称为"听说游戏"，一种是以听为主的游戏，另一种是以说为主的游戏。按照语言教学游戏对儿童语言发展的主要作用，可以将语言教学游戏分为以下不同类型。

（一）语音游戏

语音游戏是以练习正确的发音和提高辨音能力为目的的游戏，也可划分为听音辨音游戏和练习发音游戏。

1. 听音辨音游戏

参考游戏：帮妈妈买东西（小班）。

游戏目的：能分辨 [j]、[q]、[x] 相似的字音，并按指令做事；发展幼儿的注意力和记忆力。

游戏准备：游戏前将活动室的一角布置成娃娃家，一角布置成商场；商场内放有小鸡、小旗、小溪等卡片若干张。

游戏玩法：教师扮演妈妈，幼儿扮演孩子。妈妈说：孩子，妈妈请你去商场买几样东西，去买三张小旗卡片、五张小鸡卡片，记住了吗？孩子根据指令去商场购物。购物完毕回到妈妈身边，妈妈检查是否完成任务。如果拿错，妈妈可以重复一次指令，让孩子重新买一次。

游戏规则：必须按妈妈的要求买东西；指令只说一次，如果买错也只有一次改正机会；旁观幼儿不可提醒。

2. 练习发音游戏

试一试，能把它们读准吗？

一位爷爷他姓顾，上街打醋又买布。

出门看见鹰抓兔，急忙放下醋和布，

翻山去追鹰和兔，飞了鹰，跑了兔，洒了醋，湿了布。

学前儿童发音不准主要有两个原因：一是发音系统发育尚没完成或分系统缺陷；二是受当地方言的影响。

（二）词汇游戏

词汇游戏是以丰富词汇和正确运用词汇为目的的游戏。3岁前应以丰富名词、动词为主，小班应重视动词的丰富性和运用，中大班在丰富各种词汇的同时，应注重提高词汇的运用能力。

组词游戏：给"花"找朋友——浇花、红花、花朵、开花……

说相反：笑—哭；胖—瘦；高—矮；多—少；轻—重；左—右；上—下；大—小……

（三）句子游戏

句子游戏是以训练按语法规则正确组词成句，并运用各种句式、句型为目的的游戏。

参考游戏：《快乐造句》（大班）。

游戏目的：引导幼儿学说"谁在什么地方干什么"的句式；培养幼儿语言表达能力。

游戏准备：各种人物、小动物的形象图片，各种场景图片。

游戏玩法：教师运用部分人物或动物以及场景图片组成一组画面，请幼儿用"谁在什么地方干什么"的句式进行表述，鼓励幼儿用优美的语言、肢体动作描述各个场景。

游戏规则：幼儿造句要准确恰当，肢体动作要与说出的句子一致；当一名幼儿回答问题时，其他幼儿不可以进行动作和语言提示。说出以后，可请全体幼儿进行肢体动作的模仿，增加趣味性。

（四）描述性游戏

描述性游戏主要是以训练用简单、生动、形象的语言描述事物特征，以及发展连贯性语言为目的的游戏，是一种比较综合、比较高级的语言训练游戏，宜在中大班进行。

参考游戏：《猜猜他是谁》（大班）。

游戏目的：通过描述同伴的特征，发展幼儿观察力、记忆力和连贯语言表达能力；培养幼儿良好的倾听习惯。

游戏准备：儿童围成圆圈在小椅子上坐好。

游戏玩法：游戏开始时，每名幼儿选定一名观察对象，记住他的性别、高矮、发型、衣着特征，然后面向全体幼儿描述该幼儿特征。其他幼儿根据该幼儿的描述找出其描述对象。第一个猜对者，可以接着做游戏。

游戏规则：不允许边看边描述；不允许说出该幼儿姓名。

（五）故事表演游戏

故事表演游戏主要是教师组织的，以帮助幼儿理解和使用文学语言，发展儿童在人面前自然、大方说话为主要目的的游戏。

第二节　语言游戏活动的语言教育目标

一、帮助幼儿按一定规则进行口语表达练习

由于听说游戏的特殊性质，这类活动可以帮助幼儿按一定规则进行口语表达练习。这里所说的一定规则，主要是指按照语言的规范制定游戏规则。听说游戏按照一定规则进行的口语练习，主要包括三个方面的子目标。

（1）复习巩固发音。教师可以根据幼儿语言学习的四种特别需要组织活动：①难发音的练习；②方言干扰音的练习；③声调的练习；④发声用气的练习。

（2）扩展练习词汇。听说游戏着重引导幼儿积累以下两方面的词汇学习经验：一是同类词扩词的经验；二是不同类词搭配的经验。

（3）尝试运用句型。

二、在听说游戏中提高幼儿积极倾听的水平

听说游戏为幼儿提供的是一种不同于其他语言学习的场合，幼儿在参与学习时具有更多的主动性和自主性，因此有利于他们积极倾听水平的提高。教师在思考听说游戏的目标时，应对幼儿提出以下几方面要求。

（1）听懂教师的讲解，理解游戏的规则。

（2）听懂游戏的指令，把握游戏进程。

（3）准确把握和传递有细微区别的信息，提高倾听的精确程度。

三、培养幼儿在语言交往中的机智性和灵活性

作为特殊的语言交往场合，听说游戏对幼儿运用语言与人交际有一种特别的挑战，使幼儿机智灵活地使用语言的能力得到较好的锻炼。因此，在听说游戏活动中培养幼儿语言的机智性和灵活性，是教师在设计组织这类活动时应考虑的一项目标。

对幼儿在听说游戏中提高语言交往的机智灵活性的培养，从根本上说是提高幼儿在语言交往过程中反应敏捷的能力，着重可以从以下几点考虑：迅速领悟游戏语言规则的能力；迅速调动个人已有语言经验编码的能力；迅速以符合规则要求的方式表达的能力。

第三节　语言教学游戏活动的设计与组织

一个完整的语言教学游戏一般包括游戏目标、游戏准备、游戏玩法、游戏规则四个部分，趣味性一般体现在游戏玩法中。语言教学游戏可以作为教学活动的一个环节，也可以作为一个完整的教育活动，还可以在幼儿掌握游戏的玩法和规则之后在活动区自发进行。当人们把它作为一个新授的、完整的教学活动组织时，其过程一般包括四个环节。

一、设置游戏情景

在听说游戏刚刚开始时，教师需要调动一些手段设置游戏的情景。这一活动步骤程序的主要目的如下：向幼儿展示听说游戏的氛围，引发幼儿参与游戏的兴趣。创设游戏的情景一般可采用以下三种方法进行：一是用物品创设游戏情境；二是用动作创设游戏情境；三是用语言创设游戏情境。

二、交代游戏规则

在创设游戏情景之后，教师要向幼儿交代游戏规则。这一步骤的活动实际上是教师对幼儿布置任务、讲解要求的过程。教师可以通过用语言解释和用动作示范相结合的方式，告诉幼儿游戏的基本规则、步骤和要求。教师在交代游戏规则时必须注意以下几点：一是注意用简洁明了的语言讲解；二是注意讲清楚听说游戏的规则要点和游戏的开展顺序；三是注意用较慢的语速进行讲解和示范。教师在交代游戏规则时使用的语言应当是相对减慢速度的语言。尤其是针对游戏规则回答问题或说一句话时，这种语言带有示范性质，可以帮助幼儿理解，一定要保证让幼儿可以听清楚。

三、教师引导游戏

继交代游戏规则之后，在幼儿已初步理解游戏规则的基础上，教师可以带领幼儿开展听说游戏。

教师带领幼儿开展游戏是一种以教师为主角指导幼儿游戏的过程。在这一段时间内，教师在游戏中充当重要的角色可以主宰游戏的进程。幼儿此时参与活动的方式如下：一是部分地参与游戏，即一部分幼儿参加到游戏活动中去，实行轮换，以便另一部分幼儿有观察熟悉的机会；二是全体幼儿参加游戏的一部分活动，待幼儿熟悉掌握游戏后再完全参加游戏。

四、幼儿自主游戏

通过上述三个步骤的活动，幼儿已为独自开展听说游戏奠定基础，因此可以在准备状态十分充分的情况下进入幼儿自主游戏阶段。

在幼儿自主游戏的阶段，教师可以放手让幼儿自己开展活动。此时，教师已从游戏领导者的身份退出，处于旁观者的地位。

【案例 9-1】幼儿园大班语言游戏（开火车）。

1. 活动目标

（1）丰富幼儿对城市和地名的认识。

（2）学会与同伴一致地进行对话，并随儿歌轮流对答进行问答游戏。

（3）敢于在集体面前大胆讲述，并快速地接说游戏儿歌。

2. 活动准备

知道我国一些城市的名称。

3. 活动过程

（1）教师通过提问引出主题。

（2）教师讲解游戏规则。

①全体幼儿边拍手边进行问答游戏。

②开火车的人边拍手边说："嘿嘿，我的火车就要开了。"

③全班幼儿边拍手边问："开去哪里？"和"谁来开？"

④开火车的人必须随儿歌的节奏迅速答出"开往什么地方"和"某某人开"。如果答不上来，就停止其游戏一次。

（3）教师先扮开火车的人，与全体幼儿进行对答游戏。

（4）教师扮开火车的人，与个别幼儿进行"开火车"游戏，鼓励幼儿声音响亮地与教师进行对话。

（5）教师引导幼儿将火车开往全国各地，丰富游戏的内容。

①教师：火车除了能开到北京去，还可以开到哪儿去呢？

②幼儿围坐成半圆形，教师先请一名幼儿扮演开火车的人，大家一起边拍手边回答。

（资料来源：http：//m.qulaoshi.com/daban/yuyan/8720/，有改动）

【本章思考练习】

1. 阐述语言游戏的设计和组织。

2. 阐述语言游戏的语言教育目标。

3. 阐述语言游戏的分类。

4. 阐述听说游戏的特点。

第十章

学前儿童阅读活动

第一节　早期阅读活动概述

阅读活动是人类认识世界的一个重要手段。一个国家或一个人的阅读量反映一个国家的国民素质和个人的人文素养。幼儿时期是培养一个个体的阅读习惯和阅读兴趣的关键时期。但是当今社会的电子产品泛滥，特别是智能手机的使用，使人们对阅读的重要性越来越不够重视。毫无疑问，电子产品的确为人们的视觉带来了很直观、很便捷的享受，但同时带来的是阅读量下降、阅读质量低下、想象力和创造力匮乏，以及对眼睛和身体的一些不良影响。因此，相对于电子产品来说，纸质的阅读媒介更适合早期阅读。

阅读是从视觉材料中获取信息的过程。视觉材料主要是文字和图片，也包括符号、公式、图表等。首先是把视觉材料变成声音，然后达到对视觉材料的理解。阅读是一种主动的过程，是由阅读者根据不同的目的加以调节控制的，陶冶人们的情操，提升自我修养。阅读是一种理解、领悟、吸收、鉴赏、评价和探究文章的思维过程。

对于"早期阅读"的概念，有学者认为适当的早期阅读包括"通过阅读从印刷品中获得意义，有足够频繁且深入的阅读机会，定期、经常面对拼写——语音关系，了解字母书写机制的本质以及理解口语单词的结构"等。随着我国学者对早期阅读的深入研究，他们又对早期阅读的含义进行了扩展，认为"早期阅读是儿童接触书面语言的形式和运用的机会，是儿童发展语言和元语言的能力的机会，是儿童掌握词汇构成和文字表征的机会，同时是儿童发展学习读写的倾向态度的机会"。学者也呼吁人们走出误区，不要认为"早期阅读"等同于早期识字，并且这一观点在幼教界达成了普遍共识。

早期阅读活动是幼儿语言教育的形式之一，虽然人们对早期阅读的概念没有定论，但从和谐发展和立足于儿童特点的视角来看，人们可以这样界定它的范畴：早期阅读以幼儿身心特点为基础，渗透于幼儿的语言学习中，借助一些媒介（特别是纸媒）对幼儿进行图画、影像、图标、符号、文字等进行理解和表达，是培养阅读习惯、促进儿童由直观思维向抽象思维发展，培养其理解力、想象力、创造力的教育活动。它是培养阅读活动的渗透性阶段。

一、早期阅读的重要性

近年来，随着我国幼教事业的发展，很多学者和机构开始致力于早期阅读的研究与推广，同时社会和家庭也开始关注早期阅读。但是不少形形色色的教学教材和教学机构借"早期阅读"之名推行"早期识字"，许多教师与家长因为缺乏相关的认识和专业知识，误将这种拔苗助长的教学活动认为是"赢在起跑线上"，使这些对儿童无益甚至有害的教学教材/教学活动在幼儿园和家庭中泛滥。

根据当下研究的结果，学者认为早期阅读的重要性主要体现有以下几方面：早期阅读有助于语言能力的发展；早期阅读能够促进身心发展与协调；早期阅读有助于智力发展；早期阅读可以预防阅读障碍。

二、早期阅读的目标

阅读的最终目标主要是培养人的智力，发展个体的综合素质。早期阅读建立在口头语言的发展基础上，而它又是高级阅读活动的基础。因此，在此阶段每个目标都是为后来的高级阅读活动而服务。与其他领域的活动目标一样，早期阅读包括情感、态度目标，以及能力目标和认知目标等三个方面。

1. 情感、态度目标

培养幼儿浓厚的阅读兴趣、良好的阅读习惯、自觉自愿的阅读活动，以及从阅读活动中获得有益于身心成长的正确的审美观、价值观、人生观等。这些情感和态度目标虽然是非智力因素，是隐藏在阅读活动中的，但是却是影响阅读教育活动成败的重要因素。

早期阅读教育应当激发幼儿广泛而持久的阅读兴趣，使幼儿通过阅读活动对书面语言的求知欲被激发起来。兴趣是一切学习的最佳动力，而受到这个动力的推动后产生持久的、定型的阅读习惯才是早期阅读的最高目标。在这个过程中，幼儿的自觉自愿是推动阅读习惯形成的有力推动力，它是幼儿主体意识发展的具体表现，是幼儿以自己的感性和理性认识为依据形成自己判断的基础。至于从中获得正确的审美观、价值观、人生观等与阅读习惯的形成是密切相关的，因为这些情感目标的实现不是一朝一夕形成的，而是长期以来在阅读活动中潜移默化形成的。

制定具体的态度目标和情感目标可以具体体现在以下几方面。

（1）喜欢和父母、师长等一起阅读图书，感受阅读的乐趣。

（2）能专注于看书，对书中的图文、符号等感兴趣。

（3）喜欢并爱护图书。

（4）喜欢朗读和背诵韵律感强的儿歌与童谣，感受语言节奏的变化和其中的韵味，甚至可以自编类似儿歌。

（5）喜欢讲述自己听过的故事。

（6）能够从故事或者儿歌等的阅读活动中体会到所传达的价值和观念，并且按照自己的方式理解。

2. 能力目标

早期阅读最重要的目标就是使儿童掌握阅读的方法、具备阅读的能力，并不是对具体字词的识得。早期阅读中应着重培养幼儿观察事物和认识事物的能力。对幼儿来讲，从阅读中学习观察是培养幼儿智力的重要途径。除此之外，早期阅读中还应该培养和训练以记忆力、想象力与创造力为主的思维能力。

在早期阅读活动中应当让幼儿掌握的学习方法有很多，包括拿书、翻书、指读、浏览等活动的方法，也包括阅读活动中的分析、归纳、总结等思维方式。幼儿的阅读能力从整体上讲包括认读能力、理解能力、评价能力、记忆能力和创造能力等。

制定具体的态度目标和情感目标可以具体体现在以下几方面。

（1）能够正着拿书并且逐页翻书，了解书的构成，如封面、内容和封底。

（2）能够掌握一定的观察顺序，有意识地按照方法观察图书。

（3）尝试复述熟悉的书面语言内容，并且能辨识一些高频词汇。

（4）能够观察出书中画面的内涵，如以此为依据猜测作品的主要内容。

（5）能够把书中的图标、文字符号等与实际生活中的各类事物、现象等进行联系，了解其在一定程度上的意义。

（6）能积极完成一些与早期阅读有关的涂写活动。

（7）认真倾听别人的阅读活动并且能理解内容。

（8）能够发挥想象力，自己编故事或童话等情节，并且乐于讲述给别人听。

（9）能够根据图文提示完成某项任务。

3. 认知目标

早期阅读的认知目标是为了让幼儿获得更丰富的语言活动、其他社会科学和自然科学知识，为提高幼儿的语言水平和文化素养起到启蒙作用，幼儿阅读教育并不以知识的传授为主，但是如果幼儿在此过程中能够获得与生活紧密结合的知识，这也未尝不可。例如，从早期阅读活动中认识交通标志、安全标志等生活中重要的知识就是有意义的认知。

制定具体的态度目标和情感目标可以具体体现在以下几方面。

（1）能够读出熟悉的书名和人名。

（2）通过封面能了解图书的类别，并且依据封面进行图书筛选。

（3）能在听故事时记住一个故事的梗概，并据此回答问题。

（4）能领会阅读材料的简单寓意。

（5）能分辨书面语言和口头语言的区别。

（6）能够大致复述故事。

（7）学会一些简单的标示，并且乐于尝试运用。

简言之，早期阅读的目的不在于阅读的结果，而在于阅读的过程。我们让年幼的孩子进行与阅读有关的活动，目的在于让他掌握一些与阅读活动有关的准备技能，培养阅读兴趣，养成进行阅读的良好习惯，从而促进以后的正式阅读。因此，有观点认为：尽早阅读就是一切。因为阅读是孩子一切学习和发展的基础，阅读兴趣、阅读方法、阅读习惯对孩子成长至关重要。早期阅读活动教育目标见表10-1。

表10-1 早期阅读活动教育目标（参考）

项目	小班	中班	大班
情感态度目标	（1）喜欢翻看图书。 （2）对文字符号感兴趣。 （3）懂得不在光线暗的地方或者车上等看书。 （4）知道阅读规矩；看一本取一本，看完放回原处。 （5）不乱扔书、不撕书、不卷书。 （6）喜欢听成人讲述和朗读阅读物的内容。 （7）喜欢阅读材料中的人物或者事件，并试图去模仿。 （8）愿意向身边的人介绍阅读内容。 （9）能用尖端的语言表达自己的请求和愿望。 （10）愿意向身边人复述喜欢的读物内容。 （11）在成人的帮助下愿意与他人分享由阅读带来的愉悦。知道书是好朋友。 （12）能从书中辨别是非曲直。 （13）有意识地学习好的榜样。	（1）愿意到图书角、阅览室。 （2）对某本（类）图书表现出特别的兴趣。 （3）懂得在光线充足的地方看书。 （4）懂得看书要保持一定的距离，懂的正确的看书姿势。 （5）爱护图书，能按一定的规则整理和叠放图书。 （6）在成人的指导下，学习修补图书。 （7）对阅读物的文字感兴趣，并且无意识地记识高频词汇。 （8）能有意识地模仿阅读材料中角色的良好言行。喜欢描画简单的图形，能有序书写图案符号。 （9）喜欢到书店、阅览室寻找读物。能集中注意力倾听成人讲述和朗读阅读内容，理解书面语言。 （10）积极向别人介绍阅读内容。 （11）能用完整的句子较为连贯地讲述听过的阅读内容。 （12）愿意与同伴分享，共享阅读材料。 （13）知道书的制作不易，珍惜书籍。 （14）爱提问，喜欢参加学习活动。 （15）知道书是良师益友。	（1）经常主动要求到图书馆、阅览室，喜欢借阅图书或者购买图书。 （2）喜欢发现生活中各种文字符号，并能主动阅读。 （3）对阅读文字感兴趣，喜欢用手指描字形。 （4）知道不在直射的阳光下和昏暗的地方看书。 （5）能自觉保持正确的姿势。 （6）能用阅读材料中角色良好的言行规范自己的行为。 （7）会独立分类、整理图书。 （8）能主动修补、标记、归类、整理图书。 （9）经常在不同的场合对阅读材料感兴趣，能观察到画面的细微变化。 （10）能集中注意力看阅读物。 （11）有观察生活中各类事物、现象的兴趣。 （12）能主动热情地向别人介绍阅读内容。 （13）能主动讲述阅读内容，并使用适当的语句、语调。 （14）能用多种方法与同伴、成人交流阅读物。 （15）会换位思考。 （16）爱讨论，尝试自己从书中寻找答案。

续表

项目	小班	中班	大班
能力目标	（1）知道书的封面、封底、名称。 （2）知道书有图、有字。 （3）会看单页单幅的图画，并能自言自语地讲述。 （4）会按顺序一页一页地看书。 （5）喜欢在成人帮助下自制图书。 （6）能观察画面的主要内容。	（1）有意识地通过封面图文了解书的内容。 （2）知道书有目录。 （3）喜欢认读文字符号。 （4）知道一图对应一文。 （5）能初步理解常见的图案、符号。 （6）能正确理解图文指示，能认真观察画面的情节变化。 （7）能记住阅读的主要情节。 （8）能根据阅读的内容发展的线索进行补充。 （9）能理解阅读物的内容。 （10）能理解生活中的标记、符号，并用它们解决简单问题。	（1）能从封面图文了解该书的内容。 （2）能通过目录较快地查找自己需要的内容和书页。 （3）知道常见图示、标记、符号代表的意思，并能在实际生活中运用。 （4）初步具备收集资料、捕捉信息、新闻、制作字典、词典的技能。 （5）主动联系图文，并能找出自己认识的文字；能根据图文提示完成某件事件。
认知目标	（1）知道简单的图示、标记或者符号的意思。 （2）能听懂别人的讲话和简单的指令，能理解阅读的大意。 （3）运用简单句讲出阅读物的主要内容。 （4）能理解常用词（主要是名词、代词、动词和形容词）。 （5）知道书店和图书馆是藏书、阅读的场所。 （6）能记住简短的儿歌、诗歌、标记。	（1）掌握运用更多的名词、动词、形容词、数量词、代词，会使用副词和连接词。 （2）知道说的话可以写成文字，写的文字可以转化成话。 （3）能主动学认常见的文字。 （4）能按顺序翻阅阅读物，独立地细看熟悉的感兴趣的图书。 （5）能用完整的语句比较连贯地讲述阅读物的内容。 （6）知道书店、图书馆等分类藏书。 （7）能用日常生活中的简单符号标记解决简单的问题。 （8）能看懂每幅图的具体内容，看出情节的发展。	（1）掌握丰富的词汇，会用描述事物不同程度的形容词、常用的虚词。 （2）知道书面语言和口头语言的不同表达方式。 （3）清楚、完整、连贯地讲述阅读内容。 （4）会规范地书写自己的名字。 （5）知道借书、阅读图书的方法。 （6）能理解阅读物的主题。 （7）能想象阅读物中没有表现的情节、对话与内心活动。 （8）能领会阅读物的情节和简单的寓意。 （9）能用文字符号表现出自己所感知的生活经验、愿望。

三、早期阅读教育的内容

早期阅读是以学前儿童为接受、理解主体，以儿童绘本为主要阅读对象的理解性学习活动。让幼儿有机会接触各种类型的书面材料、不同体裁的文学作品，扩大他们的阅读面，有利于丰富他们的早期阅读经验。在选择早期阅读材料时，应该根据孩子的认知水平选择适宜的阅读内容，呈现有价值的阅读材料。所谓学习价值主要体现在适合幼儿年龄和认知特点，能引起幼儿自觉模仿、记忆和运用，能帮助其联系口头语言，引发联想，同时有助于幼儿养成倾听和专注阅读的习惯。

（1）篇幅短小且图文并茂的书籍。作为早期阅读的书籍，内容应该情节生动，篇幅短小，角色数量少，时空转换不多；画面应该是色彩鲜艳，形象生动、逼真，新颖有趣，并且幅面较大；语言要工整押韵，读起来朗朗上口，这样的图书易于激发孩子看书的愿望，培养阅读兴趣。

对0~6岁的儿童而言，其阅读材料主要是图画故事书或者无字绘本，但却有很多人认为这不是阅读；还有人认为阅读材料应该是以文字为主，配合以少量插图的故事书。事实上，阅读图画故事书是一个复杂的心理过程，需要阅读者具备大量的知识、经验和策略，它对学前儿童的语言、想象、思维、情感、社会化和审美能力发展都具有重要价值。例如，对3岁以下的儿童，其思维方式主要为直观行动思维，感知和动作是其与外界交流并产生认知的重要途径，因此在阅读材料的选择上，应尽量选择一些有动感、能发出各种声响的图画书；从幼儿园中班开始，儿童的具体形象思维得到一定程度的发展，头脑中已经储存了与日常生活相关物品及动作的丰富表象，此时给儿童提供的阅读材料应贴近他们熟悉的日常生活，这样才能引起儿童内心的共鸣，并激发强烈的阅读兴趣。

高质量的图画书是幼儿园早期阅读教育的主要资源，选择优质的图画书是每位教师开展早期阅读教育工作的重要内容。目前，图画书是幼儿早期阅读教育最主要的教学材料，如何才能发挥图画书的最大功效呢？一本优秀的图画书应当是文学语言、美术语言和教育语言的有效结合，可以多维度地帮助幼儿在学习阅读中获得多方面的思考。从多元阅读的角度看，幼儿园提供给幼儿阅读的图画书还应当包含儿童故事图画书、儿童诗歌图画书、儿童散文图画书和儿童科学知识图画书。图画故事书的情节与情节之间存在一定的逻辑关系，画面与画面之间前后有联系，便于幼儿运用已有的知识和经验理解图画故事的含义。

（2）周围环境中的阅读。早期阅读形式可以不必拘泥于书本，生活中处处都有阅读材料，如带领儿童就餐时，可以把菜单作为一种阅读材料，给介绍孩子菜单的装帧、设计、文字、图片等。在生活中，这类内容主要来自幼儿园、家庭和公共场所，而这些阅读都是非常有教育意义的早期阅读行为，不但会为孩子提供早期阅读的经验，而且会传达给孩子很多行为常识、社会规则，对一个人的社会性发展非常有帮助。

（3）采用新媒体技术手段。除了采用书本的形式，也可以利用当下的多媒体技术手段。程丹琳在其《幼儿早期阅读的指导策略》中倡导通过电视、VCD等手段，提高幼儿阅读理解能力。动画片、电视节目深受幼儿的喜欢，教师平时可让幼儿观看一些有教育意义的、知识含量较多的作品和节目。在阅读前后还可观看一些与阅读内容相关的动画片、电视节目，以提高阅读理解力。过多采用电子产品对孩子的身体、阅读状况具有负面效应。适当引用增添课堂的乐趣，丰富图书画面的生动性，如配乐、动画片等，可以相对提高孩子的学习兴趣。

在学前儿童早期阅读材料的选择上，要注意遵守儿童心理发展规律，贴合儿童认知发展特点。

四、早期阅读教育的实施途径

1. 实施学前阅读经验。

（1）向幼儿提供前图书阅读经验，包括看书的姿势、翻阅图书的经验、书的组成部及其功能，如何在图书角或者阅览室取书、看书，甚至如何借阅图书。

（2）向幼儿提供学前识字经验。虽然大量地、集中地快速识字是小学阶段的学习任务，而并非早期阅读的主要目标和内容，但是在学前阶段，通过有计划、有目的的早期阅读活动，帮助幼儿获得学前识字经验，提高幼儿对文字的敏感度的确是大有裨益。早期阅读可以提供的学前识字经验主要如下：一是了解文字有其自身的具体意义，可以与实物发生联系；二是了解文字的功用，如可以记录、可以说明等；三是初步了解文字，特别是汉字的起源；四是了解一些文字和符号的转换关系；五是了解文字和语言的多样性，如不同国家的语言的文字不尽相同；六是了解汉字的构成和内涵，特别是一些常见的象形词、偏旁部首等的意义，如人、从、众等。

（3）向幼儿提供学前书写经验。早期阅读不要求儿童进行书写，但是一些游戏类的书写或者涂画活动可以帮幼儿获得一些书写的经验，刺激他们手部肌肉的发展，为小学做好过渡。这些学前书写经验包括正确的握笔姿势、坐姿、笔的种类和使用功能，以及书写的步骤等。

（4）如何选择图书。早期阅读是为了培养幼儿的阅读兴趣，这是人们所能提供给孩子的最有价值、最有益于一生的东西。为了培养幼儿的阅读兴趣首先要尊重孩子的兴趣和意愿，先由幼儿选择喜欢的内容进行阅读，这样一方面能调动其阅读的主动性和积极性，另一方面可以培养幼儿的自主性、能动性。如果成人想推荐阅读内容，应注意引导，激发幼儿的兴趣，强迫幼儿接受阅读内容将不利于早期阅读教学效果的提高，也不利于早期阅读教学促进幼儿发展的正向功能的发挥。如果孩子喜欢，他会十分投入地阅读，但如果他对内容毫无兴趣，则会有相反的效果。例如，要选择故事内容简单且适合幼儿理解的故事，同时故事的结局最好是明确、有条理的，当故事结局是模糊或者模棱两可时，则比较适合年纪稍长的孩子。另外，故事的情节也是吸引孩子阅读的关键。

2. 采用多样的教学

早期阅读旨在提高幼儿的阅读能力。而更高的阅读能力也更能帮助孩子从阅读中收获乐趣。张池容关于重庆地区的调查显示：通过调查发现，重庆主城区幼儿园教师在进行早期阅读教学时，所运用的教学方法按选择人数多少排序为讲述法、提问法、角色扮演法、游戏法、表演法、朗读法、讨论法、练习法、图书制作法。通过访谈和观察也证明，大多数教师在进行早期阅读教学时把讲述法、提问法放在首位，把角色扮演法、游戏法、表演法、图书制作法放在后面。然而，幼儿园的教学实践证明，后面几种方法更适合幼儿，更能吸引幼儿的注意力和兴趣，也更能促进幼儿发展，但这正是当前幼儿教师所忽略的。

家长和老师在对幼儿进行早期阅读培养时，根据孙鸿媛在《幼儿园早期阅读教育存在的问题及建议》中提到的可从以下几个方面加以培养：①讲解。幼儿早期阅读不同于已初具文字阅读能力的小学生的阅读活动，教师往往要直接介入阅读过程，因此讲解是影响学前儿童理解阅读内容的重要因素。讲解中可采用"点画讲解""点读文字"等方式帮助儿童逐渐理解图书内容。②反复阅读。反复阅读可加强幼儿对阅读材料的感知与记忆，是幼儿对阅读材料的初步加工。在反复阅读过程中，材料的语言和内容被幼儿逐渐熟悉，最后无须成人指导就能独立阅读材料，自信心获得满足。③复述。复述是对阅读材料的保持和再现。对年龄较小的儿童，成人可首先帮助其建构起复述提纲，目的是让儿童对阅读材料进行回忆；对年龄较大的儿童，成人可让儿童自己建构复述提纲进行复述。④提问。提问是以多疑善思为主要标志的阅读指导策略。在早期阅读教学中，教师可根据阅读材料、儿童已有的知识经验及应答反应，设计并恰当搭用不同类型的问题，使阅读更符合儿童的认知水平，促进儿童阅读能力的提高。

3. 创造良好的阅读环境

根据笔者阅读的文献，学者们普遍强调良好的阅读环境对幼儿阅读能力提高的影响。"让孩子成为读书人，让社会充满书香。"这无疑是一种良好的愿望。但是，目前大多数社区、家庭还没有形成利于读书的环境和习惯，对幼儿的阅读获得缺乏科学的指导，幼儿缺乏良好的阅读氛围的熏陶，缺乏适宜的阅读环境。

这里所指的环境可分为硬环境和软环境。硬环境的设置应使孩子愿意主动接触阅读材料，让幼儿真正喜欢阅读，并从中获益。这种环境应该丰富而温馨，光线适宜，图书应数量充足、品种多样、放置合理且适合幼儿阅读。软环境包括创设宽松互动的阅读氛围，让幼儿在学习中感受到开放而平等，还包括教师以积极的态度关注儿童的早期阅读行为，对儿童的阅读行为表示兴趣和赞赏，鼓励幼儿阅读，和幼儿共同分享快乐阅读的过程。

4. 注重与幼儿的互动

教学是师幼互动的交往过程，是教师引导幼儿一起分享信息的过程。在这个过程中，幼儿是否参与、参与的程度等方面是决定早期阅读教学效果的关键。缺少互动会造成对幼儿情绪情感等关注不足，这时孩子的注意力就会分散，早期阅读的效果也难以达到。对教师的阅读教学活动进行观察，发现在教学中主要是教师发起的、以提问为主要方式的师幼互动这一共同现象。积极、有效的师幼互动不仅可以增进师幼之间的情感，还能提高早期阅读教学的效果，促进幼儿身心和谐的发展。教师可以通过活动法、游戏法、角色扮演法等各种活动形式，让幼儿主动、积极地建构活动、参与活动、评议活动，同时教师应与幼儿进行积极、充分的情感交流，以促进良好师幼互动关系的真正建立。

在互动时，还有一点值得注意，即教师的教态，包括教师在上课、辅导，以及其他与学生共同交流的场合中，通过内心情感的作用，以面部表情或体态语言等方式，表现出的一切可视的表情、动作等。教师作为学生的引路人和指南针，需要在很多时候面对面与学生交流和沟通，除了用心灵可以感受到的教师高尚的师德和教师无私博大的师爱，以及用耳朵可以倾听的那富有哲理和亲切的语言，更重要的还有教师的教态。因为这一切通过表情和体态表现，可以看在眼里，记在心里，印象深刻，产生影响巨大的教育作用。

除了教师的教态，父母应该注意，在互动中加以肯定的眼神与鼓励的话语，这对孩子阅读能力的提升是有显著帮助的。亲子共读也可以带来良好的成效。

五、早期阅读教育的影响因素

（一）儿童自身因素

儿童在阅读活动中出现问题或发生阅读困难时，其因素有很多，有生理基础方面的因素，也有认知方面的因素。

1. 生理基础因素

（1）阅读困难与遗传有一定的关系。有研究者发现出现阅读困难患者家庭的可能性大小排序如下：父母都有阅读困难的家庭大于父母一方有阅读困难的家庭，大于父母都没有阅读困难的家庭。若父母双方都有阅读困难的家庭中一旦出现阅读困难的子女后，就会比较严重。

（2）在脑神经机制方面，有研究表明，阅读困难儿童在左侧颞中回有显著的功能缺陷，并且存在左脑枕下回激活不足，而右脑枕下回激活过度的现象。同正常儿童相比，阅读困难儿童在左脑颞中回灰质密度明显较低。

（3）儿童的听力缺陷、慢性中耳炎也会引起阅读困难。

（4）儿童的智力也是影响儿童早期阅读的重要因素。

2. 认知加工因素

（1）言语加工因素。这其中包括语音意识缺陷、语素意识缺陷、正字法意识缺陷、语意和句法加工缺陷五个方面。

（2）非语言加工因素。这其中包括知觉加工缺陷、工作记忆缺陷、元认知技能缺陷、注意缺陷。注意缺陷表现为儿童多动综合征，又称儿童注意力缺陷多动症（attention deficit hyperactivity disorder，ADHD）。ADHD 儿童在反应抑制、语音工作记忆、视空间工作记忆、计划能力等许多方面的能力存在缺陷，这表明 ADHD 儿童在基本的认知加工和高级的认知加工两方面都存在缺陷。因此，ADHD 儿童的字词识别和阅读理解能力都明显落后于正常儿童。

（二）社会与家庭因素

1. 家庭环境因素

家庭是儿童开始早期阅读的重要场所之一。影响儿童早期阅读能力发展的家庭环境因素包括物理环境、心理环境和可利用的社会资源等。物理环境是指儿童阅读空间的环境，如书房的布置、图书的陈列、家庭的阅读资源等。心理环境指的是家庭的阅读氛围，如父母的阅读习惯、父母与子女之间的阅读互动等。另外，《阅读与儿童发展》一书中主要探讨家庭经济状况、社会地位和文化背景三方面对儿童阅读能力发展的影响。在经济状况方面，经济条件较好的家庭通常更愿意且更有能力为儿童提供丰富的阅读材料、打造良好的阅读环境，儿童接触书籍的机会、培养阅读兴趣的机会也较大。而经济条件较差的家庭更容易因经济问题产生矛盾，影响儿童成长的心理健康，对儿童早期阅读产生消极影响。在社会地位方面，国外研究表明处于中、高阶层的父母往往更重视儿童的早期阅读，并且相比较低阶层的母亲，中产阶级家庭的母亲反映儿童在家接触过、阅读过的书籍高于较低阶层中的儿童。这些阅读经验有助于儿童养成良好的阅读习惯、形成较强的阅读能力。在家庭文化背景方面，研究表明，父母教育程度会影响家庭文化资源的质量，这就影响了家庭亲子活动，从而影响到儿童的早期阅读。家庭的背景状况与儿童阅读成就没有直接关系，它们只是为儿童阅读能力的培养和发展提供一种可能。

2. 社会因素

对家庭因素进行分析可以发现，家庭背景造成的影响与街道因素、社区经济文化、儿童就读的学校等因素具有密切关系，因为家庭就在某个街道上，家庭是构成社区经济文化的一部分。在诸多社会因素中，最需要被我们关注的就是学校。学校是儿童学习生活的重要场所，对儿童阅读能力的发展具有深远影响。调查研究显示，儿童阅读效果较差的学校的课堂上，存在课堂节奏慢、缺乏中长期计划、互动教学比率低、课堂任务复杂枯燥等问题。由此可见，学校的阅读政策、阅读教学的实施、阅读活动的组织开展和阅读环境的创设等因素都会影响儿童阅读能力的发展。因此，学校应对阅读及其重要价值有正确的认识，树立正确的阅读观念，指导学校各项阅读教育与活动的开展，为儿童早期阅读能力的发展带来良好的影响。

第二节　早期阅读活动的组织与指导

一、幼儿园早期阅读的分类

（一）渗透性的早期阅读

1. 幼儿园日常生活中的早期阅读活动

幼儿园的环境设置要体现处处是教育的特点，其中有不少就是早期阅读的好素材。这类素材来源主要包括以下几方面。

（1）到幼儿园的阅览室或者图书馆进行参观、借阅图书等。

（2）在班级中开展设立图书角、制作墙报、报纸、杂志等活动。

（3）教师可以组织幼儿自制图书、报纸或者写口头作文等。

（4）多参加和组织一些特别的纪念与展览活动。

2. 家庭中的早期阅读活动

家庭对幼儿早期阅读兴趣的形成有非常大的影响，人们经常说"书香门第"，可见，家庭中的读书氛围和阅读环境对孩子早期阅读的发展是影响最早，也是最持久的。家庭中的阅读可以来自以下几方面。

（1）带领孩子对家里的图书进行整理和分类，教育孩子爱护书籍。

（2）陪孩子进行阅读，在孩子没有掌握字之前，更要多为孩子朗读绘本、图书或者讲述故事等。

（3）拓展家庭中的阅读资源和渠道，如了解邮票、钱币等收藏知识。

3. 社会环境中的早期阅读活动

社会环境是更宽泛的阅读环境，在这个环境中，离不开师长的指导和全社会的关注。这一类可以开展的活动有以下几种。

（1）了解各类公共场所的标志、特色和对个人的要求等。

（2）带领孩子到图书馆、博物馆等地方进行参观、阅览等活动。

（二）专门的早期阅读活动

专门的早期阅读活动主要是指在幼儿园进行的早期阅读活动。幼儿园的早期阅读是有计划、有目的的教育活动。由于幼儿园是学前儿童接受启蒙教育的主要场所，3~6岁幼儿大部分时间是在幼儿园度过的，并且由于有专业的教师参与设计、组织和专门的教学活动，因此幼儿园的早期阅读活动在幼儿的阅读活动中起了更重要的作用。

幼儿园专门的早期阅读活动按照活动的方式可以分为以下几种。

1. 幼儿个体的阅读活动

早期阅读不管是集体阅读还是个体阅读，最终形成的都是以个体为单位的阅读活动。幼儿的个体阅读从一开始的选择图书，到后来的自由借阅图书对个体发展具有重要意义。但是幼儿个体阅读的活动中，教师并不是不闻不问，而是要多观察、多指导，更要多检阅，以了解幼儿阅读能力的发展程度。开展幼儿的个体阅读活动应该做好以下几个方面的工作。

（1）书籍的投放应该在幼儿园，主要是班级内创设图书角等可供阅读的环境条件。图书角的书籍应该涵盖文学、艺术、自然、伦理道德等多方面的内容，并且要定期更换，更换时可以采取与其他班级互相交换的方式，既节约经费又高效。

（2）开展阅读交流活动，为幼儿组织专门的阅读交流活动，可以是让其中阅读发展较好的幼儿进行故事分享，也可以是大家互相讨论某一本书或者某个话题，互相促进，共同进步。

2. 师幼集体的阅读活动

集体的阅读活动是更高效、更有目标性且更有氛围的早期阅读活动。

开展集体阅读活动需要注意以下几方面。

（1）要考虑幼儿的年龄特点，不能拔高，否则无异于浇灭孩子们的阅读热情。不要设置太多的任务，特别是书写和认读作业。一个高明的幼儿教育工作者在于教会孩子如何阅读，而不在于教孩子认识了多少字。

（2）要注意孩子们之间的个体差异，同一班级中有的孩子发展较快，可以让他充当老师的小助手，辅导和协助其他孩子进行阅读，甚至是组织阅读活动。但是也要适当为发展较差的孩子分配一些力所能及的任务，促进其积极阅读。

（3）教师在进行阅读活动时对教材的把关，目前市场上充斥着许多不适合早期阅读的所谓"幼儿阅读教材"，错误百出、内容不连贯、难度极大，还有就是很多出版商为了暴利，直接把动漫画面截取制作成书籍页面，教育意义不大，还使孩子们接触了很多暴力、血腥的宣传。

（4）在设计教学活动时把提高阅读兴趣、传授阅读技巧始终作为最主要的目标。

（5）多采用各种形式的教育活动。例如，同样是教孩子们学习制作书籍，可以是观看视频或者幻灯片，可以是动手自己制作书籍，也可以上升为珍惜别人的劳动成果、爱护人类进步的阶梯——书籍，还可以是让孩子们想象未来的书籍制作。

二、早期阅读活动指导要点

（一）尽可能多开展教师和家长的相关培训与经验交流

教师和家长，作为孩子经常接触的人，对孩子的早期教育有着至关重要的作用。但是并不是每一个有文化、高学历的教师或者家长都懂得如何进行早期教育。因此，幼儿园要多开展此类的培训活动，使教师和家长对早期阅读培养有更加科学和有效的方法。

（二）多利用现代通信工具或者社会资源，为孩子提供更好的阅读环境

现代社会的便捷通讯和广阔的社会资源，使得我们搜索资料或者了解讯息有了可能。我们可以了解任何一个专业的知识，可以纵观该方面的整个知识发展史、可以横向了解各级各类同行、甚至国外同行的发展程度。在日常生活中，我们不必再因为没有买到书而发愁无法阅读，只要有电脑、手机、网络或者其他的通信工具，就有数不尽的阅读资源供我们享用。当然，这个媒介的使用对于幼儿来说应该尽量少一些，以免损害其身心健康。

（三）尊重幼儿的差异，多鼓励、多示范、多交流

俗话说"龙生九子，子子不同"，一母同胞的孩子们都存在很大的差异，更何况来自不同家庭的幼儿。每一个孩子都值得我们去认真探究，了解他们的成长背景、阅读习惯，加以合适的引导，是每个幼教工作者的责任。

（四）创设良好的阅读环境，营造良好的阅读氛围

1. 阅读氛围的营造

要吸引幼儿主动参与阅读活动，教师应努力为幼儿创设能引起幼儿兴趣，且幼儿喜欢的阅读环境。

（1）选择明亮的、采光好的环境，根据幼儿的喜好，布置成温馨舒适的、可地上坐、桌旁坐、可集体阅读、单独阅读的环境。例如，花园式图书角、海底世界图书角等，让幼儿在此惬意地享受阅读的快乐。

（2）制定必要的规则。例如，安静阅读不影响他人，按标记取放图书，不争抢图书，

爱护图书，以及正确使用借书卡的规则等，养成幼儿良好的阅读习惯。

（3）鼓励幼儿相互交流，记录问题，引导幼儿喜爱阅读图书，愿意去图书中去查找资料、寻求解决问题的答案。

（4）设置新书广告栏，幼儿自制图书栏，不断吸引幼儿关注阅读活动。

2. 幼儿阅读材料的投放

除了遵循选择幼儿阅读材料的一般性原则，即主体正确、内容健康、数量充足、安全卫生外，为了满足幼儿多方面的需要，还应该注重以下4方面问题。

（1）选择阅览资料时，注重内容与幼儿生活经验有关，一般是情节文字简单、图文并茂，并且让幼儿有发挥创造力和想象力的机会。

（2）将资料按大小和不同年龄班幼儿的需要相对分开摆放。每一区中再根据不同资料种类摆放。例如，图书类、自制图书类、其他资料类等，每一类中又可视其具体内容再分放，如图书类中又可以分为童话、儿歌等。不同年龄班的资料区用生动有趣的标志标示，以便幼儿能很快地查找到。

（3）按不同年龄班幼儿身高特点布置资料区，使每个幼儿取放资料既安全又方便。

（4）0~3岁幼儿的阅读材料应注意选择容易消毒（如日晒、消毒液清洗、搓洗等）的布书、卡片或画面局部可感知触摸的阅读物。

【案例10-1】《月亮生日快乐》（适用于中班）。

1. 活动目标

（1）培养幼儿听故事的技巧和观察画面的能力。

（2）借助绘本阅读，在观察、想象、表演中让幼儿享受阅读的情趣。

（3）以故事的形式把孩子们引领进丰富的情感世界。感受朋友之间那种互相友爱、互相宽容体谅、分享彼此快乐的纯真友情。

2. 活动准备

《月亮生日快乐》绘本一册（或绘本多媒体课件）。

3. 活动设计

（1）导入，观察封面："今天老师为你们带来了一本图画书。"

（2）出示书的封面。

①瞪大你的小眼睛仔细看书的封面，你看到了什么？

②看了这个漂亮的封面，你最想知道什么？

让我们现在打开书，一起去瞧瞧吧！

（3）听故事，随机设疑。

①出示月亮上升的图片。宁静的夜晚，月亮慢慢地升起来了，我们的故事也从这里开始了。

②开始分享故事。

a. 师讲故事：一天晚上，小熊抬头望着天空，心里想：送一个生日礼物给月亮，不是挺好的吗？可是小熊不知道月亮的生日是哪一天，也不知道该送什么才好。于是，它爬上一棵高高的树，去和月亮说话。"你好，月亮！"它大叫着（做动作）。月亮没有回答。小熊想：也许我离得太远了，月亮听不到。

这时小熊会到什么地方和月亮说话呢？（幼儿猜一猜）

b. 谁猜得对呢？继续往下听。

于是，它划船渡过小河……走过树林……爬到高山上。

此时此刻，小熊会对月亮说些什么？

c. 那故事中的小熊会怎样说？

师讲：小熊心里想：现在我离月亮近多了，它又开始大叫："嗨！"这一次从另一个山头传来了回声："嗨！"小熊高兴极了。它想：哇，好棒！我在和月亮说话了呢！"告诉我，你的生日是哪一天？"小熊问。"告诉我，你的生日是哪一天？"月亮回答说。"嗯，我的生日刚刚好就是明天耶！"小熊说。"嗯，我的生日刚刚好就是明天耶！"月亮说。"你想要什么生日礼物呢？"小熊问。"你想要什么生日礼物呢？"月亮问。小熊想了一会儿，然后回答说："我想要一顶帽子。""我想要一顶帽子。"月亮说。小熊想想：太棒了！现在我可知道该送什么给月亮了。"再见了。"小熊说。"再见了。"月亮说。

刚才小熊和月亮说什么话了？（出示字）

小熊真的在和月亮说话吗？（回声）

你听到过回声吗？你在什么地方听到回声的？

回声有什么特点呢？（声音高低不同，内容是一样的）

我们也来学一学小熊和月亮的对话吧！（师幼表演小熊和月亮的对话。）

d. 这下小熊去干什么了？

师讲：小熊回到家，就把小猪储钱罐里的钱全部倒了出来。然后它上街去……为月亮买了一顶漂亮的帽子。

帽子是买到了，那小熊该怎样给月亮戴上呢？（幼儿猜一猜）

e. 那故事中的小熊是怎样做的？（幼儿观察图，说一说）

那小熊这个办法行吗？月亮能戴上吗？让我们和小熊一起在树下静静地等吧！

师讲：（配合画面）看，月亮慢慢地穿过树枝，爬到树枝头，戴上帽子。"哇！"小熊高声欢呼着。"戴起来刚刚好耶！"

幼儿观察：你看，现在这只小熊和前面的小熊一样吗？

想不想和小熊一起高声欢呼？（幼儿欢呼）

f. 这下，小熊安心地回去睡觉了。

师讲：小熊睡觉的时候，起风了，帽子掉在了地上。第二天早上，小熊看到门前有一顶帽子。"原来月亮也送我一顶帽子！"它说着，就把帽子戴起来。它戴起来也刚刚好耶！就在这个时候，一阵风把小熊的帽子吹走了。它在后面跑着、追着……

小朋友仔细观察这只小熊，你发现了什么？（观察神态、动作，想象语言）

那小熊最后能追到它的帽子吗？

是呀，一阵风把帽子吹走了，它心里会怎么想呢？

g. 师接着讲：那天晚上，小熊划船渡过小河……走过树林……来到高山上，去和月亮说话。

师问：小朋友猜一猜，这次小熊可能会对月亮说什么呢？

让我们走进故事吧！好一阵子，月亮都不说话，小熊只好先开口了。"你好！"它叫着。"你好！"月亮回答了。"我把你送我的那顶漂亮的帽子搞丢了，"小熊说。"我把你送我的那顶漂亮的帽子搞丢了。"月亮说。"没关系，我还是一样喜欢你！"小熊说。"没关系，我还是一样喜欢你！"月亮说。"生日快乐！"小熊说。"生日快乐！"月亮说。

4. 拓展延伸

（1）小朋友，故事讲到这里就结束了，好听吗？你喜欢这只小熊吗？为什么？

（2）这只小熊太让我们喜欢了，虽然故事已经结束，那你们猜一猜小熊以后每年这个时候还会为月亮过生日吗？为什么？

（资料来源：https://wenku.baidu.com/view/fc2a71e226fff705cc170a3e.html，有改动）

【活动评析】

（1）活动选材分析：友情是幼儿在生活中最常遇到也是人性中最温馨的感情之一。本书选取《月亮生日快乐》体现的友情的真正含义是分享。而现在的独生子女普遍缺乏的正是与别人分享的品质。通过小熊乐于与别人分享、最后活得快乐的故事，让孩子们可以体会到只有愿意和朋友分享才能收获快乐。

（2）活动过程分析：教师在活动中的准备很充分，不仅有故事绘本，还有简单的图片，好操作且生动形象。活动中教师和孩子们激发兴趣→模拟故事角色→了解故事大意，孩子们不但收获了阅读的快乐，而且对阅读过程中传达的寓意也有了认同。

第三节 绘本的阅读

绘本是以图画配上一些文字讲述故事或者阐述事物的一种形式，图画和文字互补互释，各自独立，都可以单独存在。绘本深受幼儿喜爱，同样也给成人带来美好的感受。学界对绘本并没有一种统一的定义。为了便于研究，我们只界定绘本的外延，即以儿童为阅读对象的文字和绘画相结合的所有作品都是绘本。

绘本内容上以简短的文字让儿童感受真善美，引导儿童进入阅读世界，形式上以各种形式的绘画帮助儿童理解内容、感受美、欣赏美。图文互相诠释，互相影响，相得益彰。

一、国内绘本的发展史

绘本的雏形可以追溯到人类诞生后，如人类在洞穴留下来的壁画、动物骨头上留下来的文字和图腾、动物兽皮上留下来的特殊记号等。随着科技的进步，文字和绘画的载体与工具有了全新的发展。文字和图画结合产生了各式各样的绘本。例如，中国古代的各种书画作品和书籍，不仅有题诗题字，也有具体的画面，可以说是单幅绘本。

1. 1949 年以前

中国古代插图书少见，到了清末民初，随着现代出版业的发展，大量插图的图书和杂志开始出现。当时的《儿童世界》曾刊载"图画故事"栏目，用图画讲述故事，图画清新朴素，文字朗朗上口，被视为中国绘本的萌芽。民国时期，开明书店的部分课本带着很多插图，被认为是现代绘本的雏形。

张乐平的《三毛流浪记》《三毛从军记》《东郭先生》，张光宇绘制的《西游漫记》，以及丰子恺的儿童漫画，既是我国连环漫画的代表作，更是本土绘本的开拓性作品。

2. 1949—1980 年

20 世纪五六十年代是中国原创绘本发展的重要时期，专业儿童出版社和美术出版社出版了大量优秀的连环画，它们大多数运用民间艺术手法，或以版刻、壁画的形式，或以国画水墨和工笔重彩为主，本土绘本以连环画的形式得到了很快的发展。上海人民美术出版社等出版了大量的连环画图书，连环画出版社还创办了《连环画报》等刊物，图文并茂，宣扬主流价值观，为少年儿童提供了一个独特的审美空间。

3. 1980 年至今

改革开放以来，随着我国儿童出版业的发展，插图书、绘本和画报期刊得到蓬勃发展，涌现了不少优秀的作品。例如，20 世纪 80 年代出版的俞理的《老鼠嫁女》、于大武的《哪吒闹海》，以及 90 年代出版的刘巨德的《九色鹿》、杨永青的《神笔马良》等，是一代代中国读者美好的童年记忆。

进入 21 世纪，随着日本和欧美绘本的大量引进出版与传播，国内也涌现了不少绘本艺术家和出版人，出版了不少值得肯定的作品，形成了可观的规模效应。目前，我国绘本创作和出版已经得到社会的广泛认可，有些带着鲜明中国文化特色的绘本还走出国门，并得到欧美地区的认可。

4. 绘本的未来

随社会的进步、科技的发展、出版文化产业的改革和新媒体的出现，这些都对绘本创作和传播具有深刻影响。多元化的阅读环境和方式推动了阅读观念的改变。

绘本和儿童成长及儿童教育具有密不可分的联系，关系着千千万万个家庭，因此绘本创作和阅读的发展空间不可限量。

未来，如何把绘本的发展与社会的发展、与新媒体技术的发展等有机融合，以及如何更新绘本的阅读形式、体验方式等，都是绘本艺术家、出版人和阅读推广人面临的课题。

二、绘本的功用

绘本的读者大多设定为儿童，但近年来，绘本的功用延伸发展出许多不同的层面。

（1）亲子共读。父母与儿童一起制作一本绘本、一起阅读一本绘本等。在台湾，越来越多的大学开设手工书、手制绘本课程，尽管手工书需要耗费较多的时间，但是部分台湾父母为了制作与孩子共同的回忆，开始参加手制书绘本的课程。部分大学将绘本定为大学生可以选修的科目。

（2）心灵疗愈。成年人有许多心理上的问题不知道如何解决，借由制作绘本或阅读绘本而得到心灵上的安慰与满足。

（3）记录生活。近年来，慢慢开始有人用画绘本记录美食体验、旅游经验。也有人因为用画绘本的方式分享美食体验的经验而成为绘本作家。

（4）语言保存。语言的学习与保存并不容易，因此各种语言的绘本陆续诞生。

（5）文化传递继承。阅读其他国家的绘本可以了解到其他国家的文化不同与差异，让阅读者有世界观，还可以让下一代借由绘本看到与这一代地理环境的改变与差异。

三、绘本的教育意义

绘本是艺术的一种，其功能包括提供有意义背景情境、建构基础能力、提供情感的抒发、提升学习兴趣等。以绘本为教学媒介可激发儿童听觉和思考幻想的空间，借由听读图文信息、导引讨论与分享的历程，进行省思与建构内化的意义，以达成教育目标，养成终生阅读习惯与培养自主学习能力。绘本教学目标中过程重于目的，并且重视讨论阶段，并以培养阅读能力为依归。

作为幼儿早期"读图时代"的一种特殊语言，绘本的真正价值在于对幼儿感知能力、观察能力、思维想象能力与创造能力的启迪和引导，其语言、造型、色彩、构图和表现风格等对幼儿早期感知觉的发展及兴趣爱好具有积极的引领作用，它不仅仅是一个好看、好听的故事，其中所蕴含的审美情趣、知识经验和人生的感悟等，都将对幼儿一生的成长具有不可低估的重要价值和作用。

四、绘本文字和绘画特点介绍

绘本是最适合学龄前幼儿阅读的图书形式。儿童的阅读和审美能力从幼儿时就应该慢慢培养。幼儿期的孩子虽然大多数不识字，但已经具备了一定的读图能力，如果这个阶段家长能有意识地和孩子们一起阅读绘本，营造温馨的环境，帮助他们解读故事，和他们一起欣赏画面。在与美妙的图与文接触的过程中，幼儿将会在故事中品味绘画艺术，在欣赏图画中接触文字、解读文学。这种早期的阅读习惯培养，不仅是一种让眼睛享受、让心灵愉悦、让精神提升的美妙体验，也将更加有助于孩子将来的学习中阅读习惯的培养。

（一）绘本语言文字特点与编排

绘本的语言往往凝练、简洁，符合儿童的身心特点。由于篇幅有限，绘本作者在安排语言文字时，必须将某一画面中想呈现的内容核心提炼出来，以最少的文字表达最多的内容。例如，在宫西达也的作品《我是霸王龙》中，霸王龙被小翼龙照顾到伤好痊愈后，找回很多鱼感谢小翼龙，但是小翼龙因为害怕却拼命逃掉了，其实作者想表达很多，如霸王龙深深的感谢、小翼龙的种种不舍、相互之间希望彼此以后都能好好地活下去的祝愿，以及因为无法再一起生活的遗憾等，如果是写故事，那么几乎可以写几百字，甚至上千字，但是绘本这种形式不允许有这么详细的冗长文字记叙，因此作者仅以一二十字表达这个场景。这些文字虽简短却是最能概括此情此景的文字。

绘本文字在绘本页面中的编排一般是横排，因为横向排版的文字更便于阅读。文字与画面的搭配分为溶入式、贴图式和对比式。溶入式，就是在画面中不除去底色，只除去线条，然后将文字排布在一小块区域中。贴图式就是在画面中直接遮挡一部分画面，贴出空白，将文字排列在这上面。对比法，就是直接将文字排列在画面上，但是一般选择单一色彩且没有线条的地方，深色的画面选择白色字体，浅色的画面选择黑色字体。

【示例 10-1】图 10-1 选自《我是霸王龙》。

图 10-1

【示例 10-2】图 10-2 选自《永别了袜子》。

图 10-2

【示例 10-3】图 10-3 选自《花婆婆》。

图 10-3

（二）绘本的画面

孩子们在绘本中要读的绝不仅仅是文字，甚至说文字对学前儿童来说，与其说是认读，不如说是一种对文字的启蒙或者是一种成人对画面的解读。当然，绘本不可能完全实现人们对孩子的所有期望，但绘本中高质量的图面对培养孩子的审美能力、观察能力、想象力、创造力和情感培育等都有难以估量的潜移默化的影响。优秀绘本中的图画都是画家们精心手绘，画面的风格别具一格，带着儿童特有的笔触和灵感，在画面中讲述故事内容。因此，好的绘本中每一页图画都堪称艺术精品。

每一本绘本或者每一位绘本画家都有自身独特的风格。例如，《我是霸王龙》系列绘本，宫西达也用类似出自儿童之手的线条，勾勒了最简单的霸王龙和其他恐龙的形象，也用不胜繁复的笔触描绘了下雨、星空等环境，每一样都透着孩子们的稚嫩和认真，他们深切地懂得孩子们的喜好，了解孩子们的眼睛里看到的什么颜色、什么笔触才是他们的最爱。

绘本画家将独特的艺术表现形式糅合在画面中，希望借助绘本这种媒介，让孩子的审美有所突破。例如，在《母鸡萝丝去散步》中，画家用整齐的线条排布展示线条之美，不论是母鸡萝丝的麦穗状尾巴，还是狐狸身上的细腻线条排列，乃至农场上各种场景的细腻勾勒，像一幅幅针织画面，无不展示了这种整齐划一的线条排列之美。

【示例 10-4】图 10-4 选自《母鸡萝丝去散步》。

（三）绘本在语言领域的运用

无论是作为教学内容，还是作为教学手段，绘本都不失为一种适合儿童身心特点的好形式。绘本图文并茂的显著特点特别适合作为语言领域，尤其是早期阅读材料。

图10-4

绘本既可以设计组织单独的专门教学活动，也可以作为故事、诗歌、散文等文学作品的教学手段和形势综合运用。

（1）绘本教学设计模式简介。一般可根据绘本的特点编制活动链，设计成几个逐层递进的教学环节：浸入式阅读（对书本大概内容了解的阅读学习）→理解式阅读（以看图讲述的方式进行）→分析学习（以故事教学的形式进行）→提升式学习（对文字、符号等感受性学习）→多元式学习（以语言活动形式、美术活动形式等表达对故事的理解并延伸）。

（2）绘本的演绎。优秀的绘本作品需要有心的家长和教育工作者选择与解读。对绘本作品的演绎，不仅是展示绘本的文字和画面，还是对整个作品的取舍或者创造性的演绎。

绘本作品的取舍是进行绘本教学的前提，每一部绘本作品并不是只有一种解读，不一样的解读带来不一样的选择。同一个故事，有的人喜欢把孩子讲到抹眼泪，有的人希望孩子深切地感受到事物的本身，能够乐观对待。

在绘本教学中不论哪一种取舍，都是为教学的中心思想服务的，因此在教学过程中一些手段是必不可少的加分项目。

①画面的展示。绘本既可以作为教学的素材，也可以作为教学的媒介手段用于教授其他领域的活动知识。例如，用《贝尔熊生病了》既可作为绘本故事进行语言活动教学，仅仅讲述友情的可贵，也可以作为一个穿插其中的媒介讲述健康活动领域关于感冒的知识。那么同一本绘本在上述两个活动中的画面展示就不可能完全一样。如果是前者，那么就需要将画面一幅幅完全展示，因为教师要让孩子们通过画面和文字内容相互印证解读，缺漏画面会导致故事的情节缺失，有可能会造成理解困难。而后者的情况则完全可以只截取画面中有代表性的几幅，简单讲述贝尔熊生病的症状和朋友们如何帮它治疗疾病的过程即可，其他画面完全没有必要展示，因为与教学的主题没有太多的关联。

另外，教师对一部绘本作品的讲解也有主次画面之分。一般是故事的起承转合为重点画面，与故事主题直接相关的画面为重点画面，揭示故事寓意的画面为重点画面。一个有经验的教师要学会如何甄别好的绘本和差的绘本,也要知道如何从一本绘本中进行有目的的取舍。

②背景音乐的适时播放。有背景音乐的配合,孩子们更容易受到故事的感染,达到共情状态。选择背景音乐要和故事本身的基调相一致,欢快的节奏适合诙谐、快乐的主题,舒缓的节奏适合深情、动人的主题。一般来说,音乐在讲述过程中是时断时续的,具体的断续一般和故事情节的发展以及活动的安排有紧密的关联性。教师在教学过程中要培养孩子们的艺术鉴赏能力,这种背景音乐的耳濡目染也是一种浸入式教育的方式。

《我是霸王龙》绘本阅读教学设计如下。

一、内容简介

今天我给大家介绍一个绘本,名叫《我是霸王龙》,故事里有小翼龙,还有它的爸爸、妈妈和霸王龙。小时候,爸爸喂它好多好吃的东西,教它怎样飞行,希望它成为一只强壮的翼龙;妈妈抱着它哄它睡觉,寒冷的下雨天,妈妈用自己的翅膀护着宝宝,希望它成为一只善良的恐龙。

翼龙宝宝一天天长大,一天晚上,爸爸和妈妈商量,孩子已经长大了,应该可以独立生活了,它们就一起飞走了。

翼龙宝宝醒来,看见爸爸妈妈不在身边,就哭呀哭呀,哭着哭着就睡着了。这个时候,从悬崖底下爬上来一只巨大的霸王龙,想吃掉它。

突然火山爆发了,霸王龙从山顶上滚了下来。"咣当"一声,它狠狠地摔在了地上,鼻青脸肿,眼睛也看不到东西了。

小翼龙吓坏了,它想:爸爸说过霸王龙是个粗暴可怕的家伙,它就不想救它。但它又想到妈妈曾经说过"不管是谁遇到困难,都要帮助它"。

后来,它不顾火山爆发的危急情况,决定留下来帮助曾经想吃掉它的敌人,它帮霸王龙把身上的岩石一块一块搬开,下雨天,小翼龙用许许多多叶子盖住霸王龙的身体,就好像妈妈曾经为它盖被子一样,还喂它吃新鲜的果子。

一天晚上,小翼龙刚抱着果子回来,就看到霸王龙站了起来,眼睛也能看见了,全身都恢复了健康。小翼龙吓坏了,它用爸爸交给它的方法,乘着风,拼命张开翅膀飞离了霸王龙,因为它害怕霸王龙吃掉它。而霸王龙呢?嘴里咬着为小翼龙准备的它最爱吃的鱼,追了好久,原来,它早就知道救它的人是小翼龙了,霸王龙一直望着小翼龙消失的方向。

二、阅读目标

(1)在听、读、看绘本故事中,了解霸王龙和小翼龙认识的过程,能看着图片简单讲述小翼龙如何照顾霸王龙,霸王龙又是如何感恩的故事情节。

(2)通过讲述活动,培养幼儿善于倾听的习惯。

(3)在图画的情境中培养想象说话能力。

三、活动设计

(1)根据封面预测故事。

①看封面,谈谈你看到霸王龙是什么样子的?

②读题目,猜一猜会发生怎样的故事?

(2)教师讲故事,幼儿看图。讲述截至霸王龙遇到小翼龙,然后讨论下述问题。

①霸王龙是如何遇到小翼龙的?

②霸王龙可能会死掉吗?

(3)教师继续讲故事,幼儿边看图边听故事。

①如果是你是小翼龙,你会帮助霸王龙吗?

师生讨论:霸王龙是吃肉还是吃草的恐龙?你觉得霸王龙会不会吃掉小翼龙?

②如果你是霸王龙,你会怎么想,怎么做?

③设疑:后来,霸王龙的伤好了吗?伤好之后,它会怎么做呢?

(4)教师继续讲故事,幼儿边看图边听故事。

①霸王龙的眼睛好了吗?它为什么没有吃掉小翼龙呢?

②讨论:你们喜欢霸王龙和小翼龙吗?能说说为什么吗?

(5)教师连贯地讲述读文,并播放背景音乐和画面加深印象。

(6)提炼主题:读完这个故事,你想到了什么?请你讲给大家听一听。

总结:学习小翼龙既要善良,也要有能力保护自己;学习霸王龙要懂得感恩。

(7)课外拓展。

①回家把故事讲给爸爸妈妈等家人听。

②推荐阅读绘本《一切因为有你》。

通过上面的绘本语言活动可以看出,语言活动的要求可以完全体现在绘本阅读中,如要求幼儿描述故事情节,理解故事内容,这些具体的要求就是幼儿园语言活动的基本要求,然而不同于单纯的语言活动,以绘本为素材的语言活动,孩子们对画面的鉴赏能力、观察能力和想象力等的培养有了载体,同时使故事的内容更加生动地印在孩子们的脑海,这种声情并茂的印象比单纯的语言输出深刻,更加容易识记。

(资料来源:https://wenda.so.com/q/1465477533724775,有改动)

请根据以下素材设计活动方案。

好饿的小蛇

好饿的小蛇扭来扭去在散步。它发现了一个圆圆的苹果。你猜猜好饿的小蛇会怎么样?啊呜——咕嘟!啊!真好吃!

第二天,好饿的小蛇扭来扭去在散步。它发现了一根黄色的香蕉。你猜猜好饿的小蛇会怎么样?啊呜——咕嘟!啊!真好吃!

第三天,好饿的小蛇扭来扭去在散步。它发现了一个三角形的饭团。你猜猜好饿的小蛇会怎么样?啊呜——咕嘟!啊!真好吃!

第四天,好饿的小蛇扭来扭去在散步。它发现了一串紫色的葡萄。你猜猜好饿的小蛇会怎么样?啊呜——咕嘟!啊!真好吃!

第五天,好饿的小蛇扭来扭去在散步。它发现了一个带刺的菠萝。你猜猜好饿的小蛇会怎么样?啊呜——咕嘟!啊!真好吃!

第六天,好饿的小蛇扭来扭去在散步。它发现了一棵结满红苹果的树。你猜猜好饿的小蛇会怎么样?扭来扭去爬上树,然后……张大嘴巴……还是咕嘟!

(资料来源:宫西达也.好饿的小蛇[M].南昌:二十一世纪出版社,2007)

【练一练】上网查询绘本《贝尔熊的故事》(系列),任选其中两则故事设计早期阅读活动方案。

【本章思考练习】

1. 早期阅读的目标。
2. 早期阅读的内容。
3. 早期阅读的实施途径。
4. 渗透性早期阅读的指导。

参 考 文 献

［1］张天军.学前儿童语言教育[M].上海：复旦大学出版社，2013.

［2］张明红.幼儿语言教育活动与指导[M].上海：华东师范大学出版社，2014.

［3］张家蓉，卢伟.学前儿童语言教育活动指导[M].上海：华东师范大学出版社，2009.

［4］范玲.学前儿童语言教育[M].武汉：华中师范大学出版社，2013.

［5］王文静，罗良.阅读与儿童发展[M].上海：华东师范大学出版社，2010.

［6］周兢.幼儿园早期阅读怎样提高质量[J].中国教育报，2012.

［7］孙鸿媛.论幼儿园早期阅读教育存在的问题及建议[J].学理论，2012.

［8］张地容.幼儿园早期阅读教学现状研究[D].重庆：西南大学硕士学位论文，2009.

［9］周兢.全语言教育与中国幼儿语言教育的本土化[J].幼儿教育，2002.

［10］周兢.关于幼儿园早期阅读教育活动的思考[J].幼儿教育，2009.

［11］斯诺 C，布恩斯 M S，格里芬 P.预防阅读困难：早期阅读教育策略[M].胡美华，潘浩，译.南京：南京师范大学出版社，2005.

［12］武建芬.学前儿童语言教育[M].天津：南开大学出版社，2013.

［13］周兢.早期阅读发展与教育研究[M].北京：教育科学出版社，2007.

［14］黄娟娟.认字、识字就等于早期阅读吗[M].广州：中山大学出版社，2006.

［15］张明红.关于早期阅读的思索[J].学前教育研究，1996.

［16］虞永平.早期阅读与幼儿教育[M].合肥：安徽少年儿童出版社，2012.

［17］张明红.给幼儿园教师的101条建议·语言教育[M].南京：南京师范大学出版社，2007.

［18］黄怡然.我国早期阅读相关研究现状的文献调查与分析[J].现代教育科学，2009.